KB201007

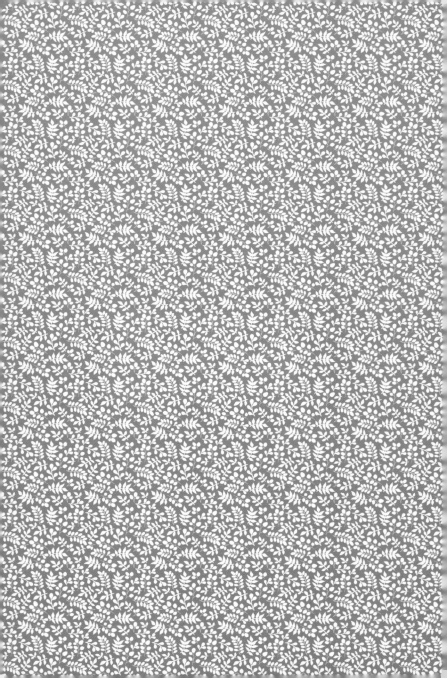

창세기의 풍성한 진실

The Full Truth of Genesis

창세기의 풍성한 진실

초판 1쇄 인쇄 | 2019년 10월 08일
초판 1쇄 발행 | 2019년 10월 15일

지은이 | 방충헌

펴낸이 | 박정자
편집 디자인 | 허희승, 이미경, 김영주
펴낸곳 | 에페코북스

제　작 | (주)예손그리너
주　소 | 서울특별시 중구 을지로3가 291-49
전　화 | (02)2274-8204
팩　스 | (02)2274-1854
등록번호 | 20011-999127호
이메일 | rutc1854@hanmail.net

ISBN 979-11-85312-54-5

창세기의 풍성한 진실

The Full Truth of Genesis

지은이 방 충 헌

에페코북스

이것은 아담의 계보를 적은 책이니라

창세기5장 1절의 말씀을 보면서, 아 창세기는 족보이구나! 라고 나는 생각 했습니다.

그리고 그냥 읽었습니다. 이것이 내가 읽은 창세기입니다.

족보는 아담의 가족의 역사이고 인류 최초의 삶을 우리에게 소개 하고 있습니다.

인류는 창조 되었는데 하나님이 특별히 조성하신 에덴동산에서 살도록 배려하셨습니다.

아! 인류가 에덴동산에서 지금까지 살고 있으면 얼마나 좋을까요?

그런데 범죄로 인하여 에덴동산은 추억의 장소가 되고 아담은 이 에덴동산이 있었음을 기록하여 우리에게 전하여 준 것이 창세기 곧 인류역사의 기록의 시작이라는 것입니다.

하나님은 인간들이 창조주 하나님께 예배하는 것을 보셨습니다. 그리고 받으셨습니다.

인간들은 하나님이 기뻐 받으시는 제사를 기억하고 예배해야 할 것이었습니다.

그런데 가인의 질투하는 마음이 살인이 되고 이때부터 인류는 비참한 더 타락의 길을 가는 곧 하나님께 예배하는 삶을 떠나서 죄악의 문명을 일구어 갑니다.

하나님은 포기하지 않으셨습니다.

아담에게 셋이라는 아들을 주셨고, 이 셋은 하나님 앞에 예배자로 살았으며 그의 후손들에게 예배하며 살도록 하였습니다.

아담은 이 셋을 장자로 세워서 자기의 대를 이어가는 족보를 우리에게 준 것입니다.

그러므로 창세기를 읽고 하나님 앞에 예배자로 사는 사람들은 셋의 후예들이라고 하여야 할 것입니다.

우리는 창세기를 읽으면서 내가 셋의 후예인가 가인의 뒤를 따르는 자인가 돌아볼 수 있고, 내가 구원의 줄에 서있는

지를 확인해야 할 것입니다.

그리고 창세기는 계속 기록되어 우리로 창세기를 읽으면 내가 지금 어느 줄에 서 있는지 알도록 하셨습니다.

노아 시대의 홍수 심판은 방주에 탄 사람들만 구원 받게 됨을 보여 주셨습니다.

하나님은 아브람을 불러 내가 지시한 땅으로 가라하시고 가나안땅으로 인도 하셨습니다. 그리고 조카 롯의 삶을 통하여 우리에게 경고하셨습니다. 사라는 90세에도 하나님이 말씀하시고 역사하시면 아이를 낳을 수 있다는 사실을 세상에 입증 했습니다.

야곱은 팥죽 한 그릇으로 장자의 명분을 사 보기도 했습니다.

요셉은 종으로 팔려가서도 하나님을 경외하므로 애굽의 총리가 되어, 민족을 고센 땅으로 이주 시켰고, 그는 후손들에게 나의 해골을 메고 출애굽 할 것을 맹세 시키므로 미래의 출애굽을 믿게 하고 창세기의 기록을 끝냅니다.

그리고 이스라엘의 역사는 애굽에서의 고난에 이어 출애

굽으로 이어지고, 요셉의 묘를 파묘하고 유골과 부장품을 가지고 시내산으로 갑니다.

창세기의 족보 이야기!
거짓없는 풍성한 진실들!
인류의 역사를 알게 하신 하나님 아버지께 감사와 영광을 돌립니다.
우리를 위하여 기록으로 보전하여 창세기를 주셨으므로 깊이 묵상하면서 살기를 원합니다. 그리고 창세기를 더 깊이 이해할 수 있기를 기도합니다.

여기 올린 글들은 제가 묵상으로 쓴 글들을 모아 올렸으며 중복된 내용들도 있으므로 이해하시고 읽어 주시면 감사하겠습니다.
내가 주장하고 있는 창세기의 기록에 관한 것들은 충분히 가능성이 있다는 생각입니다.
하나님의 은혜가 책을 펴는 모든 분들에게 넘치시기를 기원 합니다.

지은이 방충헌

4. 이삭

5. 요셉

6. 저작후기 (著作後記)

여호와 하나님이 땅의 흙으로 사람을 지으시고 생기를 그 코에 불어넣으시니 사람이 생령이 되니라 여호와 하나님이 동방의 에덴에 동산을 창설하시고 그 지으신 사람을 거기 두시니라 여호와 하나님이 그 땅에서 보기에 아름답고 먹기에 좋은 나무가 나게 하시니 동산 가운데에는 생명 나무와 선악을 알게 하는 나무도 있더라.(창2:7~9)

1

창조

창조와 하나님의 안식

태초에 하나님이 천지를 창조하시니라   [창 1:1]

빛이 있으라 하시니 빛이 있었고, 빛이 하나님 보시기에 좋았다. 하나님이 계신 천국에서 눈에 보이는 빛이라는 물질로 하나님이 이 우주를 만드셨다. 가장 기본이 빛이다. 이것으로 온갖 것을 다 만드신 것이다. 곧 모든 공간, 시간, 원소(元素), 그리고 진공(眞空)까지 만드셨다. 그러므로 세상을 비추는 빛으로는 천국은 볼 수 없고, 반대로 천국에서는 이 세상을 거울로 보듯이 다 보실 수 있으실 것이다.

우주의 물질은 4%만이 빛을 통해 볼 수 있고, 96%는 암흑 물질로서 우리의 가시적인 것으로는 측량할 수 없다. 암흑 물질은 천국의 구성 물질이 아닐까 추측되며 깊은 어둠 곧 흑암이 하나님의 거소이기 때문이다(출 20:21, 신 4:11, 시 18:11, 시 97:2).

하나님이 지구를 만드시고 물과 땅의 경계를 정하셨다.

'하나님이 땅은 풀과 씨 맺는 채소와 각기 종류대로 씨가 진 열매 맺는 나무를 내라 하시니 그대로 되어, 땅이 풀과 각기 종류대로 씨 맺는 채소와 각기 종류대로 씨가진 열매 맺는 나무를 내니 하나님이 보시기에 좋았다. 저녁이 되고 아침이 되니 이는 셋째 날이다(창1:11~13).'

셋째 날의 식물은 나이테가 없다. 지구과학에서 말하는 고생대 식물이며 온도가 높고 다습하여 엄청 큰 나무들이 자란 시간대이다.

'하나님이 이르시되 하늘의 궁창(穹蒼)에 광명체(光明體)들이 있어 낮과 밤을 나뉘게 하고, 그것들로 징조와 계절과 날과 해를 이루게 하라(창1:14).'

넷째 날에 4계절이 생기고 나무에 나이테가 계절로 인하여 생겨나게 되었고, 중생대(中生代)부터 나무에 나이테가 생긴 것이다.

지구는 동물이 살 수 있는 온도로 변화되어 다섯째 날에 바다에 동물이 번성하고 새들이 창조되었다.

여섯째 날에 육상동물이 창조되었고, 포유동물이 창조됐다.

맨 마지막으로 인간을 창조하셨다.

'하나님이 이르시되 우리의 형상을 따라 우리의 모양대로 우리가 사람을 만들고 그들로 바다의 물고기와 하늘의 새와 가축과 온 땅과 땅에 기는 모든 것을 다스리게 하자 하시고, 하나님이 자기 형상, 곧 하나님의 형상대로 사람을 창조하시되 남자와 여자를 창조하시고, 하나님이 그들에게 복을 주시며 하나님이 그들에게 이르시되 생육하고 번성하여 땅에 충만 하라. 땅을 정복하라. 바다의 물고기와 하늘의 새와 땅에 움직이는 모든 생물을 다스리라 하셨다.

하나님이 이르시되 내가 온 지면의 씨 맺는 모든 채소와 씨 가진 열매 맺는 모든 나무를 너희에게 주노니 너희의 먹을거리가 되리라 하셨다.

또 땅의 모든 짐승과 하늘의 모든 새와 생명이 있어 땅에 기는 모든 것에게는 내가 모든 푸른 풀을 먹을거리로 주노라 하시니 그대로 되니라 하나님이 지으신 그 모든 것을 보시니 보시기에 심히 좋았더라. 저녁이 되고 아침이 되니 이는 여섯째 날이니라(창1:26~31).'

이렇게 창조가 마무리 되고, 이 지구가 우주에서 특별한 존재로 하나님이 사랑하는 창조물이 된 것이다.

창세기 2장1절에서는 '천지와 만물이 다 이루어지니라'고 하셨다. 하나님이 그가 하시던 일을 일곱째 날에 마치시니 그가 하시던 모든 일을 그치고 일곱째 날에 안식하셨다.

하나님의 안식은 어떠한 것을 말씀하시는 것일까?

'여호와 하나님이 땅의 흙으로 사람을 지으시고 생기를 그 코에 불어넣으시니 사람이 생령이 되었고, 여호와 하나님이 동방의 에덴에 동산을 창설하시고 그 지으신 사람을 거기 두셨다. 여호와 하나님이 그 땅에서 보기에 아름답고 먹기에 좋은 나무가 나게 하시니 동산 가운데에는 생명나무와 선악을 알게 하는 나무도 있게 하셨다(창2:7~9).' 참으로 인간이 하나님을 예배하며 살기에 완전한 동산이다.

여호와 하나님이 그 사람에게 명하여 '동산 각종 나무의 열매는 네가 임의로 먹되, 선악을 알게 하는 나무의 열매는 먹지 말라. 네가 먹는 날에는 반드시 죽으리라(창2:16~17).' 하셨다.

마지막에 인간 아담과 하와를 창조하시고, 하나님의 성소로 에덴동산을 창설하시고, 언약을 맺으시고, 결혼시키시고, 인간 가정을 이루어주시고, 두 사람의 예배와 생활 터전인 에덴동산에 대한 규칙 곧 언약 까지도 일러 주셨다. 그리고 하나님께서 계획하시고 일하신 모든 창조 사역을 마치시고, 하나님의 창조대로 모든 것이 운행되어지는 아름다운 지구를 인간에게 주신 후 안식하셨다.

그런데 하나님이 주신 에덴동산에 뱀이 등장한다. 그리고 하와를 찾아와 이같이 말한다.

'뱀이 여자에게 이르되 너희가 결코 죽지 아니하리라. 너희가 그것을 먹는 날에는 너희 눈이 밝아져 하나님과 같이 되어 선악을 알 줄 하나님이 아심이니라(창3:4~5)'. 여자는 뱀 곧 사탄(계 20:2)의 유혹에 이렇게 반응한다.

'여자가 그 나무를 본즉 먹음직도 하고 보암직도 하고 지혜롭게 할 만큼 탐스럽기도 한 나무인지라. 여자가 그 열매를 따먹고 자기와 함께 있는 남편에게도 주매 그도 먹은지라. 이에 그들의 눈이 밝아져 자기들이 벗은 줄을 알고 무화과나무 잎을 엮어 치마로 삼았더라(창3:6~7)'.

범죄 이후, 인간이 벗은 줄을 알게 되는 인지(認知)가 확인되는 순간이었다.

그들이 그 날 바람이 불 때 동산에 거니시는 여호와 하나님의 소리를 듣고 아담과 그의 아내가 여호와 하나님의 낯을 피하여 동산 나무 사이에 숨는다(창3:8). 하나님의 낯을 피하여 이탈하므로 하나님께서 유일하게 만나시는, 자기의 형상대로 지음 받은 인간들이 숨는 사태가 발생한 것이다. 그것은 인간이 선악과를 따먹음으로 하나님과의 언약을 파기함으로써 하나님의 낯을 피하는 일이 시작된 것이다. 인간은 선과 악을 알게 되었고, 악에 빠져든 것이다.

하나님은 예배함으로 하나님과 교제하도록 인간을 창조하셨다. 그런데 뱀의 유혹에 범죄가 이루어지고, 하나님과 정상적인 교제가 중단되자 하나님은 그의 형상대로 지은 인간의 구원의 계획을 세우시고(창3:15, 여자의 후손) 원래 계획하신 에덴동산보다 더 완전한 천국(계21:2)을 예수 그리스도를 통해 주시기로 언약하셨다.

원래 하나님은 인간에게 에덴동산을 주시고 생명과일을 따먹고 영생하도록 하셨다. 영생하고 있는 인간을 보시는 즐거움, 자기의 형상대로 지음 받은 인간을 보시면서 만족하시는 하나님! 이것이 안식의 개념으로 생각되어진다.

그런데 하나님의 안식은 인간의 범죄로 말미암아 훨씬 힘든 일, 곧 그의 독생자가 친히 우리의 죄를 짊어지는 십자가 희생의 사랑을 통해서 이루어질 수 있게 되었다.

이제 에덴동산은 폐쇄되었지만, 에덴동산보다 더 좋은 천국이 있기에 우리는 하나님 앞에 나아가며, 하나님의 안식에 머무를 수 있게 될 것이다. 에덴동산보다 더 좋은 천국을 인간의 범죄 이후에 우리에게 주실 것이 하나님의 사랑의 계획인 것이다.

우리 인생도 구원이 완성되어야 안식하게 된다. 나에게 주어진 사명이 다 완성되어진 그날 그때, 우리는 영원한 안식으로 들어간다. 우리는 각자 자기의 사명을 잘 감당하여 하나님을 기쁘시게 함으로 천국에서 하나님을 경배하는 복을 누려야 할 것이다. 　　　　　　　　　　　　　　　　　－ 2016. 1. 26 －

분단된 아담의
가족

아담이 그의 아내 하와와 동침하매 하와가 임신하여 가인을 낳고 이르되 내가 여호와로 말미암아 득남하였다 하니라 그가 또 가인의 아우 아벨을 낳았는데 아벨은 양 치는 자였고 가인은 농사하는 자였더라.

[창 4:1-2]

창세기 4장 14절을 보면 가인이 '사람들이 나를 보면 죽이겠나이다.' 라는 대목을 보면, 아벨 살인사건 때 아담의 자손들이 주변에 많이 살고 있었음을 알 수 있다.

그러면 가인 다음에 바로 태어난 동생이 아벨일까 아니면 상당히 아래 떨어져서 태어난 동생일까 성경기록에 없으므로 추정할 수밖에 없다.

가인의 동생들 대부분은 가인을 따라 농사하는 일을 함께 했을 것이고, 양치는 일은 농사보다 더 늦게 시작되었을 것이다.

양은 왜 길러야 했을까 양 가죽으로 옷을 만들어 입어야 했기 때문일 것이다. 가족 수가 적을 때는 돌아다니는 양을 잡아 가죽을 획득했겠지만, 가족 수가 점점 불어나면서 손쉽게 가죽을 얻기 위해서는 양을 치는 일이 필요했을 것이다. 이 일은 약간 훗날에 주어졌을 것으로 추정된다. 따라서 가인과 아벨의 나이 차이가 상당히 있었을 것으로 추측할 수 있으며, 가인과 아벨 사이에도 많은 아담의 자식들이 있었다고 여겨진다.

세월이 지난 후에 제사(창4:3~7)가 시작되었다. 가인은 땅의 소산으로 제물을 삼아 여호와께 드렸고, 아벨은 자기도 양의 첫 새끼와 그 기름으로 드렸더니 여호와께서 아벨과 그 제물은 받으셨으나, 가인과 그 제물은 받지 아니하시니 가인이 심히 분하여 안색이 변하였다.

'여호와께서 가인에게 이르시되 네가 분하여 함은 어쩜이며 안색이 변함은 어쩜이냐 네가 선을 행하면 어찌 낯을 들지 못하겠느냐 선을 행치 아니하면 죄가 문에 엎드리느니라. 죄의 소원은 네게 있으나, 너는 죄를 다스릴지니라(창4:6~7).'

하나님은 아벨의 제사를 받으셨고, 가인의 제사는 받지 아니하셨다. 여기서 큰 형의 체면과 리더십이 손상되고, 아벨이라는 동생 때문에 불붙은 분노를 그는 다스리지 못했다. 결국 아벨을 들로 불러내어 타살하고 만다. 아무도 모르는 이 살인사건을 하나님이 알고 계셨고, 땅이 알고 있었다.

인류 최초의 살인 사건이 제사와 관계되어서 일어났다. 가인의 죄가 하나님 앞에서 드러나자, 그는 살인자로 낙인이 찍혔고, 죽음에 대한 두려움이 가인에게 엄습하여 도망자의 신세가 되었다. 하나님께서는 더 심한 살인사건을 막기 위해 가인에게 표(票)를 주어 죽음을 면하게 하셨다.

아들 아벨의 죽음, 아직까지 죽음이 없었던 그곳에서 병들어 죽은 것도 아닌, 인류 첫 살인사건을 아담과 하와는 얼마나 슬퍼했을까?

아담과 하와의 슬퍼함을 보다 못한 가인의 동생들은 형 가인처럼 집을 떠나 동쪽으로 이동하여 놋 땅에 에녹성(창 4:17)을 건축하고 부모와 떨어져 살면서 죄악의 문명을 이루어간다.

한편 아벨을 잃은 아담은 '다시 아내와 동침하매 130세에 그가 아들을 낳아 그 이름을 셋이라 하였으니, 이는 하나님이 내게 가인이 죽인 아벨 대신에 다른 씨를 주셨다 함이며, 셋도 아들을 낳고 그 이름을 에노스라 하였으며, 그 때에 사람들이 비로소 여호와의 이름을 불렀더라(창4:25~26)'고 기록 되었다.

그리고 셋의 후손으로 아담의 족보를 이어가게 하시며, 그들을 하나님의 아들들이라 부르게 된다.

그래서 셋 이전에 태어난 가인의 동생들과 가인의 후예들이 함께 문명을 일구어 죄악의 문명을 이루어 가고, 아벨 살인사건 이후 태어난 셋의 후손들과 점점 멀어져서 분단되어 살게 되었다.

세월이 흘러 하나님의 아들들이(셋의 후손) 사람의 딸들을 (가인의 후손) 마음대로 취하여 연합하게 되며, 하나님을 외면하고 타락하여 죄악으로 혼탁하게 되고, 하나님이 동행하지 아니하여 죄악으로 치달아 악독이 가득하게 되었다. 그래서 하나님께서는 이같이 선언하신다.

'나의 신이 영원히 사람과 함께 하지 아니하리니 이는 그들이 육체가 됨이라(창6:1~7)'

하나님은 결국 노아의 가족을 제외하고 전 인류를 홍수로 심판하여 진멸하셨다. 인간은 하나님이 도와주지 않으시면 바른 길을 갈 수 없는 존재로 창조되었다. 그러므로 창조의 목적대로 하나님께 예배하며, 그분의 섭리대로 살아가는 것이 인생의 행복이요 구원의 길임을 알아야 할 것이다.

– 2014. 3. 25 –

아담의
족보

이것은 아담의 계보를 적은 책이니라   [창 5:1]

하나님이 이 세상을 창조하신 것과, 하나님이 조성하신 에덴동산에 살면서 사탄의 유혹에 빠져 선악과를 따 먹는 죄를 범하여 에덴동산에서 쫓겨남으로 아담과 하와 이외에는 누구도 에덴동산을 다시는 경험할 수 없게 되었다.

그러므로 생명나무가 무성한 지상의 낙원인 에덴동산이 있었음을 아담은 그의 후손들에게 전달할 필요가 있었고 이 모든 것을 족보에 기록하여 남겼을 것이다.

아담이 에덴동산에서 쫓겨난 후에 장남으로 가인이 태어나고 자녀들이 출생하여 인간 세상이 지상에 이루어졌다.

세월이 지나 때가되어 가인은 땅의 소산으로 제물을 삼아 여호와께 드렸고 아벨은 자기도 양의 첫 새끼와 그 기름으로 드렸더니 여호와께서 아벨과 그의 제물은 받으셨으나 가인과 그의 제물은 받지 아니하셨다.

가인이 몹시 분하여 안색이 변하였고, 여호와께서 가인에게 '네가 분하여 함은 어찌 됨이며 안색이 변함은 어찌 됨이냐? 네가 선을 행하면 어찌 낯을 들지 못하겠느냐 선을 행하지 아니하면 죄가 문에 엎드려 있느니라 죄가 너를 원하나 너는 죄를 다스릴 지니라(창4:3-7)' 하셨다.

가인은 분을 다스리지 못하고 인류 최초로 가인이 동생 아벨을 쳐 죽이므로 아담의 가족은 산산 조각이 난다. 그 후 가인이 여호와 앞을 떠나서 에덴 동쪽 놋 땅에 거주하였고 에녹을 낳고, 성을 쌓아 에녹성이라 했다.

아벨이 죽은 후 참담한 아담의 가정에 다시 셋이 태어남으로 계보가 이어지며 비록 가인이 육적으로는 장남으로 태어 났지만 동생을 죽인 죄를 범하여 장자의 자격을 상실하였으므로 이 사건 후에 태어난 그리고 하나님 경외하기를 배우며 자란 셋을 아담이 족보에 장자로 등제하고 그의 후손들을 하나님의 아들들로 기록하고 있다.

족보는 필요했다. 만약 가인이 내가 장남이니 내가 장자의 직분을 행하겠다고 하면 무엇으로 셋이 장자라는 것을 입증할 것인가 그것은 족보이다. 족보에 아담이 셋을 장자로 정한 기록으로 입증될 수 있도록 한 것으로 보인다.

하나님은 셋의 후손들과 동행하셨고 그들은 여호와의 이름을 불렀다. 셋의 장자의 족보는 에노스, 게난, 마할랄렐, 야렛, 에녹, 므두셀라, 라멕, 노아로 이어지는데, 에녹은 므두셀라를 낳고 300년을 하나님과 동행하며 자녀를 낳고, 하나님이 그를 데려가시므로 세상에 있지 아니하다(창5:24)라고 기록하고 있다. 에녹은 창조주 하나님께 예배하는 믿음을 므두셀라, 라멕을 이어 노아에게 전수되게 하였다.

그때 라멕은 아들을 낳고 그의 이름을 노아(창5:29)라 하여 여호와께서 땅을 저주하시므로 수고롭게 일하는 우리를 이 아들이 안위하리라고 이름을 지었다. 하나님은 셋의 후손들이 타락하기 전까지는 그들과 동행하셨고 그들이 고대의 용사요 명성 있는 사람들이었다고 기록하고 있다.

그런데 사람들이 땅위에 번성하기 시작할 때에 가인의 후손들에게서 딸들이 나니 하나님의 아들들이 사람의 딸들을 보고 자기들이 좋아하는 모든 여자를 아내로 삼기 시작하였고, 창세기 6장에서는 셋의 후손들이 가인의 후손들의 딸들을 취하므로 여호와께서 '나의 영이 영원히 사람과 함께 하지 아니하리니 이는 그들이 육신이 됨이다(창6:1~4)' 라고 하셨다.

이처럼 이 땅에 사는 모든 인류가 범죄함으로 하나님은 노아에게 방주를 짓게 하셨다.

하나님은 노아를 통하여 방주를 짓게 하시고, 이것으로 경고하고 있음에도 돌아오지 않는 모든 인류를 홍수로 심판하시고 모든 사람들이 육신의 생명을 잃을 뿐 아니라, 그들의 영혼까지도 심판을 받아 영생에 들어갈 수 없는 지옥의 고통을 받게 되어 후세 인류들에게 본이 되어 기록되게 하셨다.

홍수 심판의 대상은 가인의 후예들과 아담의 족보에 기록되어 이어진 셋의 후손들 까지도 홍수 심판을 받아 다 죽었고, 오직 방주에 탄 노아의 가족만이 이 기록된 족보를 보전하며 살아서 인류로 보존되어 새로운 출발을 하고 있는 것이다.

아무리 하나님의 아들의 족보에 기록되어 있어도 믿음으로 살지 아니하면 홍수 심판처럼 최후의 심판을 받는다. 지금 세상은 마지막을 향하여 죄악으로 달려가고 있다. 마지막 최후의 심판이 눈앞에 있는 것이다.   - 2016. 10. 17 -

노아의 족보

이것이 노아의 족보니라 노아는 의인이요 당대에 완전한 자라 그는 하나님과 동행하였으며 세 아들을 낳았으니 셈과 함과 야벳이라.　　　　　　　　　　　　　　　　　　**[창 6:9-10]**

노아는 아담의 장자(長子) 셋의 후손이다 인류가 범죄 함으로 홍수 심판을 받은 가운데 노아의 가족은 하나님의 은혜로 구원을 받고 새로운 세상에서 셋째 아들 셈을 장자로 세운다.　　**[창 10장]**

하나님은 노아에게 은혜를 베푸셔서 타락하지 아니하고 굳게 하나님 편에 서서 하나님의 뜻을 받들어 순종하며 살게 하셨다. 노아는 사람들이 먹고 마시고 장가들고 시집가는(마 24:38) 그때에 사백팔십 세가 되었어도 자녀가 없었지만, 다른 여인을 취하지 아니하고 오직 하나님이 자녀를 주실 때까지 기다리는 모습을 보여 그 시대의 사람들과 구별되는 의로운 삶을 살고 있었다. 그리고 오백세가 되어서야 노아는 하나님에게서 세 아들을 받았다.

'노아는 오백 세 된 후에 셈과 함과 야벳을 낳았더라(창 5:32).'

창세기 10장에서는 출생의 순서대로 기록한 서열을 보면, 먼저 야벳의 후손, 그리고 이어서 함의 후손, 그리고 마지막으로 셈의 후손들을 기록하고 있다. 영어 성경에도 야벳이 셈의 형으로 기록되고 있다. 이것은 장남(長男)은 야벳이고, 장자(長子)는 셈으로 지목하여, 족보상 셈을 가장 어른으로 올려 제사의 일을 집행하게 한 것이 아닌가 생각된다.

하나님은 드디어 노아에게 홍수심판을 말씀하셨고, 방주 (方舟)를 제작할 것을 명령하신다. 노아와 자녀들이 제작할 그 방주의 길이는 삼백 규빗, 너비는 오십 규빗, 높이는 삼십 규빗(창6:15)으로 당시의 기술로는 어려운 일이었다. 그러나 하나님께서는 노아 가족으로 하여금 방주 짓는 일에 몰두하게 하셔서 세상의 죄악과 멀리 떨어져 믿음의 순결을 지키고 하나님의 뜻을 따르게 하는 복을 주신 것이다.

과연 그 시대에 성경이 말하는 그런 어마어마한 방주를 제작할 능력이 인간들에게 있었을까 불가능한 일이다. 그 시대에는 집도 높이 짓지 아니하며 어업을 하는 시대는 더욱 아니고 큰 배를 만들 이유가 없기 때문에 그처럼 거대한 방주를 지을 기술 또한 있을 리 만무하다.

그런데 노아는 방주를 지었다. 노아가 방주를 지은 것이지만 하나님이 동행하면서 노아에게 지혜를 주셔서 제작하게 하신 것이라 생각 된다.

그리고 완성된 방주에 하나님의 명령대로 노아의 가족과 택함 받은 모든 동물들이 승선(乘船)한다.

노아가 육백세 되던 해 둘째 달, 곧 그 달 열이렛날(창 7:11~12), 그 날에 큰 깊음의 샘들이 터지며 하늘의 창문들이 열려 사십 주야를 비가 땅에 쏟아졌고 홍수가 모든 땅을 쓸어 덮었다. 그리고 방주에 승선한 여덟 명만이 홍수심판을 무사히 통과하여 생명을 건진 사람들이다. 이 사람들은 순전히 하나님의 은혜로 방주를 만들고, 방주에 타고, 그리고 구원을 받았다.

이제 홍수 이전의 온 인류는 다 멸절되었고 오직 노아와 그의 가족만 세상에 있을 뿐이다. 노아는 제 2의 인류 시조가 된 것이다.

　이제 모두 파괴된 자연도 회복(창8장)되기 시작하고, 먹거리로 동물까지 주셨으며, 노아가 여호와께 제단을 쌓고 모든 정결한 짐승과 모든 정결한 새 중에서 제물을 취하여 번제로 제단에 드렸다(창8:20).

　노아가 농사를 시작하여 포도나무를 심었고, 포도주에 취하여 장막 안에서 벌거벗은 채 누워있었다. 그 때 가나안의 아버지 함이 그의 아버지의 하체를 보고 밖에 있는 그의 두 형제에게 알리니 셈과 야벳이 옷을 가져다가 자기들의 어깨에 메고 뒷걸음쳐 들어가서 아버지의 하체를 덮었다. 그들은 얼굴을 돌이켜 아버지의 하체를 보지 않았다(창9:20~23).

　그 후 노아가 술에서 깨어나 그의 작은 아들이 자기에게 행한 일을 알게 된다 그리고 말한다.

　'이에 이르되 가나안은 저주를 받아 그의 형제의 종들의 종이 되기를 원하노라 하고, 또 이르되 셈의 하나님 여호와를 찬송하리로다. 가나안은 셈의 종이 되고, 하나님이 야벳을 창대하게 하사 셈의 장막에 거하게 하시고, 가나안은 그의 종이 되게 하시기를 원하노라(창9:24~27).'

　노아의 말을 요약하면 셈이 장자가 되며, 셈의 장막에 야벳이 거하고, 가나안은 종이 되어 모두를 섬긴다는 것이다. 노아는 자기가 예언한 대로 셋째 아들 셈을 장자로 세워 장자로 족보에 기록하였고, 그 장자의 지도 아래서 새로운 인류가 홍수 이후의 새로운 세상에서 생육하고 번성하도록 한 것이다.

이것은 홍수 이후 인류가 어떻게 발전하게 될까를 예언한 것으로, 인간 세상은 다스리는 자와 섬기는 자, 빈부의 격차(창9:27), 주인과 종의 관계 형성으로 인류가 발전해 갈 것을 예언하고 있는 것이다.

노아는 홍수 후 삼백 오십 년을 살았다. 삼백 오십 년 동안 온갖 일을 경험했을 것인 데도 모두 생략하고, 이 일 곧 셋째 아들을 장자로 세우고, 가나안을 셈의 종으로 주어버린 것만 족보에 기록하였다. 이 일은 아버지인 노아만이 할 수 있는 일이며, 이것을 족보에 올려 보존하게 함으로서 셈이 장자의 직분을 공적(公的)으로 행하며 살게 하신 것이다.

창조주 하나님은 노아에게 그렇게 예언하도록 하셨다. 따라서 창세기는 셈의 후손을 통하여 인류를 구원할 것이 기록된 소중한 족보라 생각된다. 　　　　　　　　　　　－ 2016. 11. 29 －

노아 홍수의 물

이르시되 내가 창조한 사람을 내가 지면에서 쓸어버리되 사람으로부터 가축과 기는 것과 공중의 새까지 그리하리니 이는 내가 그것들을 지었음을 한탄함이니라 하시니라　　　　[창 6:7]

성경의 기록 중에서 전 지구적인 영향을 미치는 사건이 있다면 노아 시대의 홍수(洪水)이다. 하나님께서는 노아에게 120년 전에 미리 말씀하셨고(창6:3~17), 노아는 말씀을 따라 길이 135m 너비 22.5m 높이 13.5m의 방주(方舟)를 건조하였다.

배는 역청이 많은 땅의 평야에서 만들고, 역청을 발라 방수 처리를 하였다. 배의 구조는 3층이었고, 각 방의 배치, 곡식 창고, 음료수 공급, 창문의 조명 등을 비롯하여 1층에서 3

층에 이르는 동물들이 이동하도록 하는 오르막 통로를 설치했을 것이다. 동물들은 홍수 7일 전까지 승선하였다.

'칠 일 후에 홍수가 땅에 덮이니 노아가 육백 세 되던 해 둘째 달, 곧 그 달 열이렛날이라. 그 날에 큰 깊음의 샘들이 터지며 하늘의 창문들이 열려 사십 주야를 비가 땅에 쏟아졌더라(창7:10~12)'고 기록되었다. 배에 오른 칠 일 후에 홍수가 땅을 덮었다.

이 말은 비만 가지고서는 땅을 덮을 수 없고, 비와 더불어 각처의 물들이 이동하여 땅을 덮은 것이라고 생각된다. 요즘 말로 표현하면 엄청난 쓰나미가 배에 오른 지 7일째에 들과 산을 덮어버린 홍수로, 연속적인 쓰나미가 이 땅에 나타난 결과라는 생각이다. 또 하늘에서도 창문을 연것처럼 비와 물이 덩어리로 쏟아졌다고 생각된다.

노아와 동물들이 방주에 다 들어가고 방주의 문을 하나님이 닫으셨다(창7:16). 큰 기둥으로 고정하여 열어두었던 문이, 큰 충격으로 고정된 기둥을 넘어지게 하여 닫으셨을 것이다. 그 충격은 엄청난 지진이나, 지구와 혜성 소행성들의 충돌에서 비롯된 충격으로도 생각해 볼 수 있다. 바다와 충돌한 혜성이나 소행성 덩어리들이 무지막지한 쓰나미들을 일으켜 땅을 덮어버리는 홍수가 되었을 것으로 추정된다.

하나님은 이미 지구를 물로 심판하실 계획을 세우셨고, 지구를 휩쓸 얼음덩이의 수많은 혜성이나 소행성들을 지구로 향하게 준비하셨을 수도 있다. 그것은 수많은 얼음덩어리 혜성이나 소행성들이 지구를 향하여 근접하고 그 덩어리는 대기권에 들어오면서 대기권과 충돌로 열이 발생하여 고열에 녹아 물이 되어 엄청난 속도로 바다와 충돌하여 큰 지진과 엄청난 쓰나미가 발생될 수 있기 때문이다.

몇 백 미터의 높이의 쓰나미가 이 지구를 연속적으로 수없이 휩쓴다면 노아의 방주를 제외하고는 모든 산과 들은 다 물에 덮일 것이며, 지상의 인류와 동물들은 모조리 죽을 수밖에 없었을 것이다. 그리고 혜성이나 소행성들로 유입된 물과, 터진 지하수와 극지방의 얼음들이 녹아서 엄청난 물이 지표를 덮었을 것이다.

만약 지구에 혜성이나 소행성들이 충돌하였다면, 그 여파로 충격에 의해 하늘로 올라간 물과 흙과 먼지들이 자연환경을 변화시켜 핵겨울 같은 환경이 되어, 햇빛도 차단되고 지상은 춥고 음산하며, 얼음이 얼고 비나 눈이 몇 달 동안 계속적으로 내렸을 것이다. 식물들은 햇빛이 어둡기 때문에 자랄 수 없고, 사방은 잘 보이지 않으며, 땅은 젖은 상태로 여러 달을 지낸 다음, 비로소 비가 그치고 땅이 마르기 시작하였을 것이다.

지상은 1년여 만에 자연 환경이 회복되기 시작하며, 땅은 마르고 비로소 감람나무 잎사귀가 움트는 환경이 되었고, 비둘기는 감람나무 새 잎사귀를 물고와 회복되는 기쁜 소식을 노아의 가족에게 선물한다.

노아는 지붕을 열고, 노아의 가족과 동물들은 세상으로 나와서 파괴되어 음산한 아라랏 산기슭에서 생명을 부지하기 위해 하나님이 허락하신 바다 생물들로 연명하였을 것이다.

노아는 하나님 앞에 정결한 짐승으로 제사(창13:22)를 드린다. 하나님은 땅이 있을 동안에는 심음과 거둠과 추위와 더위와 여름과 겨울과 낮과 밤이 쉬지 아니하리라고 선언하시고, 노아의 가족을 위하여 원래의 지구로 사계절을 회복시켜주셨다. 그러나 하나님은 홍수 후 인간의 수명을 줄어들게 하셨고, 죄의 삯은 사망이며 죽음을 통하여 죄의 의미를 매일 느끼면서 살게 하셨다.

죽음을 생각할 때, 우리는 가야 할 저 세상을 생각하게 되고, 죄로 인한 노아시대 홍수의 심판을 거울삼아 살게 되고, 영원한 천국 창조주 하나님의 나라를 사모하고, 우리를 창조하신 하나님을 경외하게 된다.

– 2014. 7. 7 –

셈의 족보는 이러하니라 셈은 백 세 곧 홍수 후 이 년에 아르박삿을 낳았고 아르
박삿을 낳은 후에 오백 년을 지내며 자녀를 낳았으며 (창11:10~11)

2

족보

셈의 족보

노아의 아들 셈과 함과 야벳의 족보는 이러하니라.　　　[창10:1]

홍수 후에 그들이 아들들을 낳았으니, 야벳의 아들은 고멜과 마곡과 마대와 야완과 두발과 메섹과 디라스요(창10:1~2)....함의 아들은 구스와 미스라임과 붓과 가나안이요(창10:6).... 셈의 아들은 엘람과 앗수르와 아르박삿과 룻과 아람이요(창10:22)라고 기록함으로 야벳이 육신적인 장남으로 태어남을 기록하고 있다.

창세기에는 장남인 야벳의 자손들을 기록한 뒤에, 차자(次子) 함의 자손들을 기록하고, 맨 마지막에 셋째 아들인 셈의 자손들이 기록되어 있다. 영어성경에도 야벳은 셈의 형이라고 되어 있다.

그런데 노아는 도덕적이고 믿음이 굳은 셋째 아들 셈을 장자로 세워 족보에 기록하고 보관하였고, 제사를 집행하게 하는 임무를 그에게 맡겼을 것이다.

'셈의 족보는 이러하니라. 셈은 백 세 곧 홍수 후 이 년에 아르박삿을 낳았고, 아르박삿을 낳은 후에 오백 년을 지내며 자녀를 낳았으며(창11:10~11)'라고 족보에 기록했지만, 아르박삿은 셈의 셋째(창10:22) 아들이다.

셈의 자녀들은 홍수 후에 태어났으니 엘람의 출생연도를 아르박삿의 출생연도로 기록하여 홍수 후 이년에 엘람이 태어났지만 셋째 아들인 아르박삿이 태어난 것으로 기록하여 장자의 명분을 확정하고 그에게 족보의 보존과 제사를 집행하며 모든 가족을 축복하게 했을 것이다.

이렇게 쭉 이어지는 족보는, '아르박삿은 삼십오 세에 셀라를 낳았고, 셀라는 삼십 세에 에벨을 낳았고, 에벨은 삼십사 세에 벨렉을 낳았고, 벨렉은 삼십 세에 르우를 낳았고, 르우는 삼십이 세에 스룩을 낳았고, 스룩은 삼십 세에 나홀을 낳았고, 나홀은 이십구 세에 데라를 낳았고, 데라는 칠십 세에 아브람과 나홀과 하란을 낳았더라(창11:12~24)'고 기록하고 있다.

셈의 족보에서 에벨의 아들 벨렉 시대에 온 인류가 시날 평지에서 바벨탑을 쌓고 흩어짐을 면하자고 하였으나(창 11장), 하나님이 언어를 혼잡케 하시므로 이곳에서 여러 지방으로 언어를 따라 이동하였는데 셈의 후손들은 동방으로 가고, 야벳의 후손들은 서방 쪽인 유럽지역으로 흩어지고, 함의 자손들은 가나안과 아프리카 지역인 남방으로 흩어지고 있음을 본다.

그리고 자손들의 이름이 그 지역의 지명이 된 것을 알 수 있다. 그때 셈의 에벨의 후손들은 갈대아 우르에 정착하였다.

여기 기록된 족보는 장자로 기록된 분들이 아르박삿의 경우처럼 셋째일 수도 있고 장남일 수도 있으며, 자연인의 출생 연대가 아닌 장자의 연대로 연한이 기록되어 있는 것이다.

말 그대로 장자의 연대일 뿐이며, 이 연대는 항상 장형의 나이에 장자가 태어난 것으로 나이를 올려 인정하는데 이것은 연장자의 권위다. 조상들과 가까운 고대와 가까울수록 권위가 부여되는 세상이었던 것 같다. 그래서 장자는 젊어도 나이든 체 해야 하고 심지어 아브람은 75세 때에 130세로 기록되어 그의 나이가 하란을 떠날 때의 족보의 나이는 130세인 것이다.

족보의 나이가 중요한 것은 제사를 드리며 가족들을 축복할 때 제사의 집행자가 가족의 최연장자(족보에서 인정하므로)로서 모두에게 복을 빌 수 있도록 조치한 것이 아닌가 생각된다.

그러나 가나안 땅에 들어와서는 족보의 나이를 버렸고, 자연인(自然人)의 나이인 75세를 쓰기 시작하고 있다.

아브라함의 시대 이후는 자연인의 나이가 그대로 사용되고 있어서 비로소 아브라함 이후의 연대는 흐르는 세월을 정확하게 계산할 수 있게 된 것이다.

창세기의 흐름을 보면 족보 중심적인 면에서, 장자로 지목되어 장자로 사는 것이 하나님의 섭리라는 사실을 알 수 있다. 이렇게 해서 족보는 셈에서 아브라함까지 이어지고 하나님의 인도로 아브라함이 가나안 땅으로 이주하게 된다. 그리고 여기서 부터 '족장시대' 라는 표현으로 장자의 삶을 이어가고 있다.

인간의 수명도 홍수 이전에는 900여 세를 살았고, 홍수 후에는 400년 전후를 살았으며, 언어의 혼잡 이후에는 200여 세를 족장 시대까지 살다가, 출애굽 후에는 최고 120여 세를 사는 것을 볼 수 있다.

하나님은 창조부터 메시아가 오시기까지 이 가나안 땅을 기획하셨고, 이 땅에서 인류의 모든 생사화복과 구원을 말씀하시고, 하나님의 임재와 간섭하심을 셈의 후손들을 통해서 예표하시고, 보이시고, 이루셨다. 그리고 마침내 그리스도를 이곳에 탄생케 하시어 십자가의 도를 믿는 모든 자를 구원으로 인도 하시는 하나님의 원대한 계획을 세우셨다. 이 모든 기획이 실현되어 온 곳이 아시아와 유럽과 아프리카의 연결점인 가나안 땅이다.

지금 이 시대에 있어서 이스라엘의 가나안 땅처럼, 온 세계 신앙이 연결되는 지점은 어디인가 하나님이 역사하시는 땅, 성령이 임재 하셔서 역사하시고 폭발적인 부흥의 역사가 임하는 곳, 거기야 말로 복음의 전초기지(前哨基地), 영적인 가나안 땅이 되는 것이 아닐까 우리 조국 대한민국이 복음의 전초기지가 되었으면 좋겠다.   – 2017. 1. 16 –

인간의 수명

아르박삿은 삼십오 세에 셀라를 낳았고 셀라를 낳은 후에 사백
삼 년을 지내며 자녀를 낳았으며… 벨렉은 삼십 세에 르우를 낳았
고… 나홀은 이십구 세에 데라를 낳았고 데라를 낳은 후에 백십구
년을 지내며 자녀를 낳았으며…
[창 11:12-32]

아담과 하와가 에덴동산에서 생명나무(창2:9)의 열매를 따 먹었더라면 죽지 않고 영생할 뻔하였다. 영생은 무엇인가 죽지 않고 영원히 살아가는 것이다. 하나님이 인간을 창조하실 때 특별히 생명나무의 열매를 따 먹으면 죽지 않고 계속 살게 된다. 인간을 한없이 살게 하실 수 있는 무한한 능력의 조물주 하나님이신 것이다.

인간아 이처럼 오래 살게 되려면 몸에 병이 발병되면 즉시 몸의 모든 세포의 방어기제(防禦機制)가 자동적으로 작동

되어 모든 병이 완전하게 고쳐지는 자동화된 인체여야 할 것이다. 태초에 창조하신 인간의 육체는 이처럼 완벽하게 하나님께서 창조하신 것으로 생명나무의 열매를 따 먹으면 이것의 도움으로 세포가 영원히 살 수 있었다.

왜 하나님이 인간을 이토록 완벽하게 창조하신 것일까 하나님이 우주의 주인이심을 이 우주 안에서 누가 알고 있는가 오직 인간만이 이 사실을 알 수 있게 창조되었고, 이것을 아는 사실을 인하여 창조주 하나님을 기뻐하는 인간을 보시는 즐거움 때문에 영생까지 할 수 있게 인간을 만드신 것은 아닐까?

그런데 불행하게도 인간은 선악과를 따 먹었다. 따 먹으면 반드시 죽으리라고 선언하신 그것을 먹어버린 것이다. 그리하여 생명나무 열매는 접근이 금지되고, 죽음을 앞에 두고 살아야 하는 인간이 된 것이다(창3:1~24).

홍수 이전의 인간의 수명은 평균 900세(창5:1~32)를 넘나든다. 가인의 질투가 살인으로 드러나고, 그 후손들의 온갖 범죄로 포악한 세상에서 900여년을 살아야 된다는 것이 얼마나 지겹고 고통스러운 인생인가?

아담이 범죄한 후 얼마 살지 못하고 죽을 줄 알았다. 900

여 년을 살았으니 영생이나 다를 바 없다. 내 마음대로 죄를 범하고, 하나님 무시하고 살아도 죽지 않았다. 그리하여 인간의 마음에는 하나님은 없고 사탄이 바라는 포학함이 난무한 세상이 된다.

그래서 하나님은 인간을 떠나고, 겨우 노아 한 사람의 가족만 택하셔서 방주를 만들게 하시고, 구원의 방주에 오르게 하신 것이었다. 노아의 홍수 후에는 인간의 수명이 400여 년(창11:10~17)으로 절반으로 줄어든다.

식물만 먹던 인간에게 동물까지 먹도록 하셨으니 영양이 좋아져서 더 오래 살 것 같지만, 인간의 수명은 절반으로 줄어든 것이다. 하나님께서 필시 인간의 DNA 기능을 약화시켜 몸 안에서 자동적으로 만들어지던 어떤 면역체나 필수 아미노산, 효소들이 제한적으로 생산되고 몸 밖에서 섭취하여 보충되게 함으로써 인간의 수명을 조절하신 것이라 생각된다.

노아의 가족은 홍수라는 큰 시련을 경험했다. 그런 노아의 후손임에도 불구하고 세월이 흐르면서 인간은 여전히 악의 길을 가고 있었다. 언어가 하나였기에 인간은 더욱 집단적인 행동이 가능하였다. 인간의 지도자들은 바벨탑을 쌓아 하늘에까지 도전하는 건축을 시작한 것이다.

하나님은 바벨탑을 보시고 인간의 언어를 혼잡케 하셨다. 그리고 언어가 같은 사람끼리 함께 모여 이동하여 동서남북 모든 곳으로 흩어지게 되었다. 언어가 다르므로 함께 살 수가 없었다.

바벨탑 사건 이후의 인간의 수명은 다시 절반으로 줄어든다. 겨우 200세 전후였다(창11:18~32). 인간의 DNA에 하나님은 다시금 제한을 추가하여 언어를 이해하는 능력의 일부를 제한하시고 육체의 기능도 제한시켜 수명이 줄어든 것이다. 지금은 100세만 살아도 장수한 수명이다. 죽음을 더 가까이 눈앞에 두고 살아가는 것이다.

죽지 않고 영원히 살 수 있는 인간은 없다. 단명(短命)이 한편으로는 저주일 수도 있으나, 죽음을 생각함으로써 내세를 생각할 수 있고, 그것으로 인해 창조주 앞으로 나갈 수 있다면 오히려 복이 될 것이다.

영생의 복을 받을 수 있는 사람은 누구인가 예수님을 구주로 믿는 사람들이다. 예수님을 구주로 영접한 사람들은 에덴동산과 비교할 수 없는 고차원적인 천국에서 영원무궁한 영생을 누리게 된다고 성경은 말한다.　　　　　 - 2014. 9. 23 -

아르박삿의
후예들

*셈의 족보는 이러하니라 셈은 백 세 곧 홍수 후 이 년에 아르박
삿을 낳았고 아르박삿을 낳은 후에 오백 년을 지내며 자녀를 낳았
으며 아르박삿은 삼십오 세에 셀라를 낳았고, 셀라를 낳은 후에 사
백삼 년을 지내며 자녀를 낳았으며…*

[창 11:10-13]

셈은 족보에 아르박삿을 자기의 후계장자(後繼長子)로 지
명한다. 그래서 홍수 후 2년에 아르박삿을 낳았다고 하지만,
이것은 족보에 장자로 임명한 것일 뿐, 실제 아르박삿은 셈
의 셋째 아들이다.

성경에 태어난 것을 중심으로 기술된 것을 보면, '셈의 아
들은 엘람과 앗수르와 아르박삿과 룻과 아람이요, 아람의 아
들은 우스와 훌과 게델과 마스며, 아르박삿은 셀라를 낳고

셀라는 에벨을 낳았으며, 에벨은 두 아들을 낳고 하나의 이름을 벨렉이라 하였으니 그 때에 세상이 나뉘었음이요 벨렉의 아우의 이름은 욕단이며(창10:22~25)' 라고 기록되어 있다.

셈은 아르박삿을 장자로 임명하고 장자가 해야 할 일중 최연장자(崔年長者)의 자리에서 인류를 다스리도록, 즉 형님까지도 다스리도록 족장의 나이를 형과 동등하게 법적으로 인정하여 모든 권한을 장자에게 주었다. 이것은 창세기가 인류역사를 기록한 문서로, 즉 장자를 임명하고 나이를 기록하여 보존함으로써 장자의 명분과 맡은 소임을 다하게 했던 조치였다고 생각된다. 인류는 홍수 후 아라랏산 기슭에서 출발하여 점점 동쪽으로 이동하여 기름지고 따뜻한 살기 좋은 곳으로 이주했다. 바로 그곳이 메소포타미아의 시날 평지일 것이다. 여기서 인류는 폭발적으로 번성하고 발전하며, 벽돌을 만들어 견고히 굽고, 성읍과 탑을 하늘에 닿게 하려고 바벨탑을 쌓는다.

'아르박삿은 셀라를 낳고 셀라는 에벨을 낳았으며, 에벨은 두 아들을 낳고 하나의 이름을 벨렉이라 하였으니, 그 때에 세상이 나뉘었음이요. 벨렉의 아우의 이름은 욕단(창 10:24~25)'이라고 창세기는 말한다. 시날평지의 탑을 쌓는 때의 역사는 아르박삿-셀라-에벨-벨렉, 곧 4대째 벨렉이라고 하는 장자의 연대를 지나고 있을 때였을 것이다.

인류의 역사에서 문자가 언제부터 사용되었는지 고고학적으로 발굴된 자료를 보면 가장 오래된 글자가 메소포타미아에서 별견되며, BC 3,500여 년 전에 설형문자(문명의 창세기-45p)로 기록된 것이라고 한다. 그 설형문자 이전의 문자는 무슨 형태인지 찾은 다면 원시문자일 것이다.

그 다음은 엘람(페르시아)으로 BC 3,000년 경, 그리고 이집트 BC 3,000년 경에 기록된 것(로스트 랭귀지-16p)이라고 추측한다.

벨렉의 시대까지는 언어가 하나였고, 함께 시날 평지에 살고 있다가 하나님께서 언어를 혼잡케 하시므로 언어가 같은 족속끼리 이동하여 엘람의 후예들은 페르시아 지역으로, 함의 자손들은 남방 이집트 지역으로 이동하였고, 야벳 후손들은 유럽지역으로 이동하고, 언어문화와 문자에도 변화가 생겨서 각 족속 언어로 문자가 만들어져 쓰였을 것이며, 그것이 BC 3,000 년경이니 인류가 각 지역으로 갈라진 때는

BC 3,000년 경이 아니었나 추측해 볼 수 있다.

메소포타미아 지역에 남아 있던 아르박삿의 후손들은 계속해서 아브라함이 이주한 후에도 거기서 살았다.

'셈의 후손 아르박삿은 삼십오 세에 셀라를 낳았고, 셀라를 낳은 후에 사백삼 년을 지내며 자녀를 낳았으며, 셀라는 삼십 세에 에벨을 낳았고, 에벨을 낳은 후에 사백삼 년을 지내며 자녀를 낳았으며, 에벨은 삼십사 세에 벨렉을 낳았고, 벨렉을 낳은 후에 사백삼십 년을 지내며 자녀를 낳았으며, 벨렉은 삼십 세에 르우를 낳았고, 르우를 낳은 후에 이백구 년을 지내며 자녀를 낳았으며, 르우는 삼십이 세에 스룩을 낳았고, 스룩을 낳은 후에 이백칠 년을 지내며 자녀를 낳았으며, 스룩은 삼십 세에 나홀을 낳았고, 나홀을 낳은 후에 이백 년을 지내며 자녀를 낳았으며, 나홀은 이십구 세에 데라를 낳았고, 데라를 낳은 후에 백십구 년을 지내며 자녀를 낳았다(창11:12~26).'

창세기에서 장자(長子)의 나이는 아르박삿의 경우처럼 장남(長男)의 나이로 기록되었다. 따라서 장자의 연표(年表)는 실제의 세월보다 훨씬 단축된 것임을 기억할 필요가 있다.

— 2019. 1. 22 —

셈과 함과 야벳, 아브람과
나홀과 하란

노아의 아들 셈과 함과 야벳의 족보는 이러하니라 홍수 후에 그
들이 아들들을 나았으니. [창 10:1]
데라는 칠십 세에 아브람과 나홀과 하란을 낳았더라. [창 11:26]

셈, 함, 야벳은 노아의 후손들이며 홍수를 경험한 세대이고, 하나님의 심판 앞에 온 인류가 소멸되고 오직 노아의 가족인 자기들만이 생존했음을 잘 아는 외로운 세대이다.

그런데 홍수 후 노아는 포도나무를 심고 그 포도를 발효하여 포도주를 마시고 취하였고, 그의 장막 안에서 벌거벗었다.

그리고 이 벌거벗은 아버지를 발견한 함의 발설로 이 사실이 알려지게 되고 셈과 야벳이 아버지의 하체를 덮었다.

잠에서 깨어난 노아는 그의 작은 아들이 자기에게 행한 일을 알고 가족을 소집한다.

그리고 '가나안은 저주를 받아 그의 형제의 종들의 종이 되기를 원하노라' 하고, 또 이르되 '셈의 하나님 여호와를 찬송하리로다. 가나안은 셈의 종이 되고, 하나님이 야벳을 창대하게 하사 셈의 장막에 거하게 하시고 가나안은 그의 종이 되게 하시기를 원하노라' 하였더라(창9:20~27).

온 가족은 노아의 이 엄청난 조치에 놀라서 벙벙했을 것이다. 평소에 생각해오고 하나님께 기도하여 얻은 결론을 그는 이 날에 명하는 것 이었을 것이다.

그날 노아가 한 일은 셈을 장자로 세우고, 장남인 야벳은 셈의 휘하에서 복을 누리고 살 것을 명하며, 두 번째 아들 함은 그의 아들 가나안을 온 인류의 종으로 주어야 하는 엄청난 고난을 받는 날이 된 것이다.

그러므로 족보에 셈은 셋째 아들이지만 장자로 세웠으니 제일 앞에 장자로 기록되고 이어서 장남인 야벳이 기록되고 마지막으로 둘째인 함이 기록되어야 순리적이며 족보에 셈, 야벳, 함의 순서로 기록 되어야 정상이다.

그런데 야벳이 맨 끝 막둥이 자리에 등제되고 있다. 이것은 무엇을 말 하는 것일까?

함은 자기의 넷 째 아들인 가나안을 종이 되게 한 것에 분
노 했을 것이고, 아버지 노아의 이 명에 반발하고 그의 후손
들도 반발하는 상황으로 진전 되었을 것이다.

이 일을 수습하기 위하여 장남 야벳은 조정자가 되어 족
보상 자기가 함의 아래에 등제되어도 좋다고 양보를 하여 함
을 달래어 그대로 두 번째로 두고 장남인 야벳이 셋째로 족
보에 등제되기로 양보하여 이 상황을 정리한 것이 아닐까 상
상해 보며 그래서 족보는 셈, 함, 야벳으로 기록 되었다고 추
정 해 보았다.

아브람, 나홀, 하란의 경우도 데라가 아브람을 장자로 세웠
으니 맨 앞에 장자로 기록되고, 그다음은 하란이 장남이니 하
란이 기록되어야 하고 셋째로 나홀이 기록 되어야 순리이다.

그런데 족보에는 아브람, 나홀, 하란으로 기록 되고 있다.

이것은 실수로 이렇게 기록한 것이 아니고, 그럴만한 이
유가 있어서 하란을 세 번째로 낮추어 등제한 것일 것이다.

여호수아서 24장 2~3절에 여호수아가 모든 백성에게 이
르되 '이스라엘의 하나님 여호와께서 이같이 말씀하시기를
옛적에 너희의 조상들 곧 아브라함의 아버지, 나홀의 아버지
데라가 강 저쪽에 거주하여 다른 신들을 섬겼으나 내가 너희
의 조상 아브라함을 강 저쪽에서 이끌어 내어 가나안 땅에

두루 행하게 하고 그의 씨를 번성하게 하려고 그에게 이삭을 주었으며'라고 기록 했다.

그런데 데라는 장자이며 제사의 집행자이며 족보의 보관자인데 다른 신들을 섬겼다는 말이 이치에 맞지 않다. 이것은 장남인 하란이 다른 신들을 섬겼어도 장남이 한 일이므로 데라의 이름으로 기록 되었다고 추정 할 수 있다. 그래서 우상을 섬긴 사람은 하란이라고 생각 할 수도 있지 않을까 생각된다.

데라는 가솔들을 이끌고 가나안 땅으로 가려고 고향을 떠난 사람이다(창11:31). 이로 보건데 장자를 세우면서 하란보다 60세나 연하인 아브람을 장자로 세우고, 그다음 셋째인 나홀을 둘째로 올리고 하란을 셋째로 등제하여 하란을 낮추었다고 생각 해 보았다.

셈, 함, 야벳의 경우는 야벳이 사태의 수습을 위하여 스스로 양보하여 셋째로 등제 된 것으로 보여 지고, 아브람, 나홀, 하란은 하란을 낮추어 셋째로 등제한 족보 기록으로 생각 된다.

여기에서 추정해 본 것이 사실일지 전혀 다른 차원에서 이루어진 일인지 우리는 알 수 없고 추정만 해 보았을 뿐이다.

- 2019. 8. 12 -

데라의 족보

데라의 족보는 이러하니라 데라는 아브람과 나홀과 하란을 낳 고 하란은 롯을 낳았으며.   **[창 11:27]**

아브람의 아버지 데라는 셈의 후손인 나홀의 아들이다. 데라는 칠십 세에 아브람과 나홀과 하란을 낳았다(창11:26) 는 창세기 족보를 우리는 읽는다. 그러나 실제 데라는 하란 을 70세에 낳았고(창11:26), 130세에 아브람을 낳고(창12:5), 이어서 나홀을 낳았으며, 140세에 배가 다른 딸 사래(창 17:17)를 낳는다.

이런 사실들을 중심으로 가족사를 추정해 보면 데라는 첫 째 부인에게서 하란을 낳고, 둘째 부인에게서 아브람과 나 홀을, 셋째 부인에게서 사래를 낳았다고 추정해 볼 수 있다.

하란은 아들 롯을 낳았고, 딸 밀가와 이스가를 낳았다.

데라의 둘째 아들 아브람은 아버지 데라의 셋째 부인의 딸인 사래와 결혼한다(창11:29). 또 셋째 아들 나홀은 첫째 아들 하란의 딸인 조카 밀가와 결혼한다. 이런 사실들을 보면 그 시대는 가족 내에서도 결혼하던 때였다.

직업도 아버지의 직업이 아들의 이름으로, 아들의 직업이 아버지의 직업으로 인정되는 시대라고 생각된다. 데라와 하란은 부자지간으로서 누구의 직업이든지 동일의 직업 명칭으로 인정했던 시대라고 추정할 수 있다.

강 건너에서 데라는 다른 신을 섬겼다고(수24:2~3) 하지만, 실제는 하란이 다른 신을 섬겼어도 데라가 섬긴 것으로 보던 시대였을 것이다.

데라는 셈의 전통을 이어받는 장자의 족보에 들어 있다. 다시 말하면 장자는 족보의 전달자이고, 족보에는 천지창조의 내력과 노아의 홍수와, 그리고 셈의 후손에게는 가나안을 종으로 하나님이 주셨다는 노아의 예언이 기록되어 있다. 따라서 셋의 장자의 족보가 기록된 책인 것이다.

쉽게 말하면 족보의 전달자는 믿음의 전달자이니, 데라가 다른 신(수24:2~3)을 섬긴다기보다 가족이 섬겼어도 데라의 이름으로 인정되는 사회였고, 데라가 아닌 하란이 섬겼을 수도 있다. 만약 데라가 다른 신을 섬겼다면 하나님께서 데라를 불러 회개하고 돌아오게 하신 것이 된다.

데라의 장남 하란은 아버지보다도 일찍 갈대아 우르에서 죽고, 데라는 갈대아 우르에서 아브람과 나홀과 롯의 가솔들을 이끌고 우상의 문화를 떠나 하나님이 이끄시는 가나안 땅으로 들어가기 위하여 출발한다. 데라는 하란에 이르러 거기 거류하고, 이곳에 셋째 아들인 나홀을 정착시켜 둥지를 틀게 한다(창11:31).

여기서 가나안 땅으로 들어가려고 준비하는 단계에서 데라는 이백오 세에 저 세상으로 가고(창11:32), 가나안에는 장자인 아브람이 들어가는데, 이것은 하나님의 부르심이었고, 부모의 유지를 받들어 가는 것이었다.

그러므로 아브람이 장자의 명분으로 불러지고, 하란이 태어난 해인 데라의 나이 70세에 아브람을 낳은 것으로 기록함으로써 아브람을 족보상의 장자로 완전하게 인정한다. 데라가 죽기 전에 아브람보다 60년 먼저 태어난 장남인 하란을 셋째 아들로 낮추어 족보에 등재(登載)하고, 아브람을 장자로 높여 장자의 권위를 부여한 것이다. 데라는 아브람을 장자로 지명하여 세웠다. 그래서 하나님은 축복의 말씀을 아브람에게 하신다.

'너는 가나안 땅으로 들어가라.

내가 너로 큰 민족을 이루게 하리라.'

아브람은 가나안 세겜 땅에 도착하자 하나님 앞에 제단을 쌓았다(창12:7).

한편, 하란의 아들 롯은 아브람과 함께 가나안 땅으로 들어가지만 아브람을 떠나 가족을 이끌고 소돔으로 이주한다. 동성애(同性愛) 섹스의 도시인 소돔이 하나님의 심판으로 멸망한 뒤, 두 딸이 아버지와 관계하여 두 아들을 낳는다. 그리고 롯의 큰 딸이 낳은 모압 족속은 그모스 신(神)을, 둘째 딸이 낳은 암몬 족속은 몰록 신(神)이라는 우상을 섬기는 조상들이 되었고(왕상11:35), 출애굽 이후에 이스라엘의 대적이 되었으므로 영원히 이스라엘의 총회에 들어올 수 없는 수치스런 민족이 되어 버린다(신23:3).

　　　　　　　•

하나님은 장자인 아브람과 함께 하셨다. 그는 복의 근원이 되었고, 이삭과 이스마엘을 낳았으며, 이삭은 야곱과 에서를 낳았다. 그리고 드디어 야곱의 후손 열두 아들들에게서 열두 족속이 탄생하고, 그의 후손들에게 약속하신 가나안 땅을 주셨다. 그리고 유다의 후손에게서 예수 그리스도가 나오시어 온 인류의 구속자가 되신 것이다.

데라 그는 우상에게서 하나님에게로 돌아온 조상이다. 그의 결단은 아브람을 장자로 세웠다. 그리고 가나안 새 땅으로 후손들이 이주하여 하나님의 축복이 그들에게 넘침으로 인류의 구속사가 전개되었다.

                                                            – 2016. 9. 8 –

창세기에서 장자의 연대
(長子年代)

셈의 족보는 이러하니라 셈은 백 세 곧 홍수 후 이 년에 아르박삿

을 낳았고… 데라는 나이가 이백오 세가 되어 하란에서 죽었더라.

[창 11:10–32]

노아는 오백 세 된 후에 셈과 함과 야벳을 낳았더라. [창5:32]

창세기에서 장자(長子, 族長) 명분의 중요성은 노아 홍수 후의 역사에서 나타난다. 노아가 600세 된 때 홍수 심판 이후 황폐한 땅에서 노아의 가족은 농사를 시작하여 포도를 심고 경작하였다. 그러나 노아가 포도주에 취하여 벌거벗은 사건으로 인해 인류역사는 또 하나의 새로운 국면에 접어든다. 인류역사를 기록한 창세기는 이렇게 말한다.

'셈과 야벳이 옷을 가져다가 자기들의 어깨에 메고 뒷걸음쳐 들어가서 그들의 아버지의 하체를 덮었으며, 그들이 얼굴을 돌이키고 그들의 아버지의 하체를 보지 아니하였더라 (창9:23)'

그리고 노아가 술에서 깨어나자 그의 작은 아들 함이 자기에게 행한 일을 알고 이렇게 예언한다.

'이에 이르되 가나안은 저주를 받아 그의 형제의 종들의 종이 되기를 원하노라. 또 이르되 셈의 하나님 여호와를 찬송하리로다. 가나안은 셈의 종이 되고, 하나님이 야벳을 창대케 하사 셈의 장막에 거하게 하시고, 가나안은 그의 종이 되게 하시기를 원하노라(창9;25~27)'

여기에서 노아는 함의 아들 가나안을 셈의 후손의 종이 되게 하고, 야벳을 셈의 장막에 거하게 하는 예언을 통하여 장남으로 태어난 야벳을 장자로 세우지 않고 셈을 장자(長子, 族長)로 세웠다.

사실 셈은 노아의 셋째 아들이다. 창세기 10장을 보면 노아의 후손들의 이름이 출생 순서에 따라 맨 먼저 야벳의 후손, 그리고 함의 후손, 끝으로 셈의 후손 순으로 기록되어 있다.

그러나 '노아가 오백 세 된 후에 셈과 함과 야벳을 낳았더라(창5:32)'고 기록함으로서 셈을 장자로 세웠지만, 실제 육신적인 장남은 야벳임을 알 수 있다.(창10:21. NIV, KJV, DARBY, WEBSTER, 한글KJV)

창세기에서는 장남(長男)이라고 반드시 장자(長子)로 인정되지 아니 했다. 장자로 인정받는 것은 그럴만한 믿음의 자질이 있어야 했다.

셈의 경우는 도덕성이 강했고, 아버지의 체면을 살리는 리더십을 발휘하는 행동을 했다. 노아는 야벳을 셈의 장막에 거하게 함으로, 육신적인 형 야벳은 셈의 장막에 속하게 되고, 막둥이 셈이 장자의 명분을 이어받은 것이다.

또 창세기는 셈의 족보에 대하여 이렇게 소개한다.

'셈은 백 세 곧 홍수 후 2년에 아르박삿을 낳았고, 아르박삿을 낳은 후에 오백 년을 지내며 자녀를 낳았으며(창11:10~11).'

그런데 성경을 자세히 보면 '셈의 아들은 엘람과 앗수르와 아르박삿과 룻과 아람이요(창10:22)' 라고 씌어 있다. 셈의 세째 아들이 아르박삿이고, 홍수 후에 자녀들이 출생했으니, 셋째 아들인 아르박삿은 홍수 후 2년에 출생했다고 기록되었지만 실제로는 훨씬 여러 해 뒤에 출생했을 것이라고 여겨진다. 따라서 이 기록은 셈의 장남인 엘람의 나이와 아르박삿의 나이를 동일하도록 인정하여 장자의 권위를 아르박삿에게 행사하게 하는 것이 아닌가 생각된다.

셈의 장자 족보는 아르박삿–셀라–에벨–벨렉–르우–스룩–나홀–데라 등으로 이어진다.

그리고 창세기는 데라 나이 70세에 아브람과 나홀과 하란을 낳았다고 말한다(창11:10~32). 그러나 데라는 205세에 죽고, 아브람은 75세에 하란을 떠나 가나안 땅으로 이주했다고 했으니, 그렇다면 실제로 데라가 아브람을 낳은 나이는 70세가 아니라 130세가 아닌가? 아브람의 나이를 60세나 더 올린 이유는 무엇인가? 분명히 의도된 까닭이 있었을 것이고, 당대에는 통하는 이유였을 것이다.

그것은 장남 하란의 나이와 아브람의 나이를 동일하게 하려고 60세나 더 올려 장자의 명분을 인정해준 것으로 생각된다. 그것은 장남으로 태어난 하란을 장자로 세운 것이 아니라, 아브람을 장자로 세웠음을 의미한다. 이로 보건데 창세기에서의 장자의 나이로 세월의 년대를 측정하는 것은 장자의 년대(長子年代)이지 출생년대(出生年代)는 될 수 없다.

따라서 세상 창조 후 세월이 얼마나 지난 것인지의 정확한 년대 측정은 창세기의 년대 기록으로는 알 수 없고, 오직 추정만 할 수 있을 뿐이다. 그러므로 창세기를 보면서, '인류 창조부터 지금까지 몇 년이 흘렀다' 고 말하는 것은 옳지 않다.

아브람이 장자가 되어 가족을 이끌고 하나님의 명령에 따라 가나안 땅에 들어가면서 부터는 정상적인 자연인의 나이 75세를 그대로 사용하고 있으며, 그의 후손들에게서도 그대로 사용하고 있어서 갈대아 우르의 장자의 나이의 풍습을 버렸다고 생각된다.

아브람의 가족은 가나안 땅에서 오직 하나님만 의지할 수밖에 없었다. 왜냐하면 하나님이 불러내셨고, 인도하셨고, 자식이 없음에도 자식들에게 이 땅을 주시겠다고 약속하셨고, 장남 이스마엘 대신 이삭을 장자로 세우라 하셨고, 이삭의 아내 리브가가 쌍둥이를 잉태했을 때에 차자(次子)가 장자의 명분을 감당하게 될 것을 말씀하여 주셨기 때문이다.

오늘날 인류의 역사는 누가 주관하시는가 창조주이신 하나님의 보이지 않는 손길이 인류의 역사를 이끄시고 구원의 역사를 완성해 가신다. 그렇다면 이 시대에 어느 민족 누가 장자의 명분을 받아 인류의 구원의 역사를 이끌어 가고 있는가 하나님은 우리 백의민족(白衣民族)을 사용하고 계신다는 소망을 가져 본다.

– 2015. 6. 30 –

여호와께서 아브람에게 이르시되 너는 너의 고향과 친척과 아버지의 집을 떠나 내가 네게 보여 줄 땅으로 가라 내가 너로 큰 민족을 이루고 네게 복을 주어 네 이름을 창대하게 하리니 너는 복이 될지라(창12:1-2)

3

아브라함

아브람과 애굽

그 땅에 기근이 들었으므로 아브람이 애굽에 거류하려고 그리로 내려갔으니 이는 그 땅에 기근이 심하였음이라. **[창 12:10]**

가나안 땅에 도착한 아브람은 점점 남방으로 내려갔다. 젖과 꿀이 흐르는 땅이라고 하지만 가뭄에는 대책이 없어 기근을 피하기 위해 하는 수 없이 애굽으로 내려간다.

애굽에 이른 아브람은 우선 생명의 위협을 느낀다(창 12:9~13), 그는 아내를 누이라고 할 수 밖에 없는 절박한 상황에 이르고 사랑하는 아내를 애굽인의 종처럼 바로의 궁으로 보내야 했다. 눈앞이 캄캄한 두려움과 공포 속 암흑 같은 상황에서도 그는 하나님께 아내 사래가 돌아오게 해 주실 것을 간절히 기도했을 것이다.

여호와께서 아브람의 아내 사래의 일로 바로와 그 집에

큰 재앙을 내리셨다(창12:17). 시대상황으로 볼 때, 바로는 술
사들을 소집했을 것이고, 술사들은 점(占)을 치고 아브람의
아내 사래 때문에 큰 재앙이 왔다면서 그녀를 돌려보내야 한
다고 바로에게 조언했을 것이다.

　바로는 아브람을 불러, '네가 어찌 그를 누이라 하여 내가
그를 데려다가 아내를 삼게 하였느냐'라고 질책하면서 아브
람의 아내와 그의 모든 소유를 보내준다(창12:17~20). 하나
님은 아브람과 사래의 생명을 지켜주셨고 애굽을 경험케 하
셨다. 그리고 아브람 가족은 가나안 땅으로 무사히 올라간
다.

　이후 아브람의 조카 롯은 아브람을 떠나 소돔으로 이주한
다. 그런데 소돔 고모라가 포함된 에돔과 메소포타미아의 전
쟁에서 조카 롯은 소돔에서 포로가 되고 만다. 소식을 들은
아브람은 헤브론에서 가신(家臣) 318명을 이끌고 다메섹까지
쫓아가서 메소포타미아 왕들을 쳐부수고 조카 롯을 구원한
다. 아브람은 하나님의 방백으로 일약(一躍) 유명 인사가 된
다. 그러나 만약 메소포타미아 인들이 다시 쳐들어온다면 대
책이 없는 아브람으로서는 실로 두려운 일이 아닐 수 없었
다.

이 두려움 가운데 있는 아브람에게 하나님은 환상 가운데 나타나셔서 '나는 네 방패요, 너의 지극히 큰 상급이다(창 15:).' 라고 하셨다. 너의 대적을 내가 막아 주시겠다는 약속이었다. 그리고 '네 몸에서 나오는 자가 네 상속자가 되며, 하늘의 뭇별 같을 것' 이라고 말씀하셨다.

아브람이 여호와를 믿으니 여호와께서 이를 그의 의로 여기시고, '나는 이 땅을 네게 주어 소유를 삼게 하려고 너를 갈대아 우르에서 이끌어 낸 여호와' 라고 선언하시고, 언약의 확정을 위한 제사를 명하셨다.

언약의 제사로 삼년 된 암소, 암염소, 숫양과 산비둘기와 집비둘기 새끼로 제사를 드린다. 이 짐승들은 그 중간을 쪼개고, 그 쪼갠 것을 마주 대하여 놓고, 새는 쪼개지 아니하였다.

해 질 때에 아브람에게 깊은 잠이 임하고 큰 흑암과 두려움이 그에게 임하였더니, 여호와께서 아브람에게 이르시되 '너는 반드시 알라, 네 자손이 이방에서 객이 되어 그들을 섬기겠고, 그들은 사백 년 동안 네 자손을 괴롭히리니, 그들이 섬기는 나라를 내가 징벌할지며, 그 후에 네 자손이 큰 재물을 이끌고 나올 것이다. 너는 장수하다가 평안히 조상에게로 돌아가 장사될 것이요, 네 자손은 4대만에 이 땅으로 돌아올 것이다' 고 하셨다.

그리고 해가 져 어두울 때에 연기 나는 화로(火爐)가 보이며, 타는 횃불이 쪼갠 고기 사이로 지나갔다. 그 날에 여호와께서 이 제사로 아브람과 더불어 언약을 세우신 것이다.

그의 자손들이 애굽에 내려간다는 것은 큰 흑암과 두려움이다. 그러나 하나님의 뜻이면 그렇게 될 것이다. 아브람은 현재 태어나지도 않은 후손들의 애굽 종살이를 염려해야 했다. 그는 애굽에 대해서 더 잘 알아야 했다.

아브람은 사래의 권고로 애굽인 종 하갈을 취하여 이스마엘을 낳지만, 이스마엘은 상속자가 아니었다. 하나님은 90세인 사라의 태(胎)를 여시고, 믿음의 상속자로 이삭을 주셨고, 이삭의 후손들이 애굽에서 종살이를 하게 된다.

하나님은 그의 후손 야곱의 아들 요셉을 애굽의 종으로, 그리고 총리(總理)가 되게 하시고, 고센 땅을 준비시키시고, 내려온 아브람의 후손들을 애굽에서 큰 민족이 되게 하셨다. 그러나 고난 가운데서 출애굽하여, 홍해를 건너 40년 동안의 광야 길을 거치고, 마침내 하나님이 주신 약속의 가나안 땅을 차지하게 된다. 하나님의 말씀대로 이루어졌다. 많은 사건, 수많은 고통이 있었지만, 결과는 하나님의 약속대로 이루어진 것이다.

하나님의 약속은 신실하여 우리가 믿고 따르기만 하면 이루어지고 복이 된다. 비록 과정이 고달프고 힘들지라도 구원의 약속을 믿고 말씀대로 산 조상들을 본받아 살아야 할 것이다.

- 2016. 3. 7 -

최후의 승리자
아브람

아브람이 그돌라오멜과 그와 함께 한 왕들을 쳐부수고 돌아올 때
에 소돔 왕이 사웨골짜기 곧 왕의 골짜기로 나와 그를 영접하였고

[창 14:17]

창세기 14장은 고대 근동(近東)전쟁에 대하여 이같이 기록
하고 있다.

'당시에 시날 왕 아므라벨과 엘라살 왕 아리옥과 엘람 왕
그돌라오멜과 고임 왕 디달이 소돔 왕 베라와 고모라 왕 비
르사와 아드마 왕 시납과 스보임 왕 세메벨과 벨라 곧 소알
왕과 싸우니 이들이 다 싯딤 골짜기 곧 지금의 염해에 모였
더라 이들이 십이 년 동안 그돌라오멜을 섬기다가 제 십삼년
에 배반한지라 제십사년에 그돌라오멜과 그와 함께 한 왕들

이 나와서 아스드롯 가르나임에서 르바 족속을, 함에서 수스 족속을, 사웨 기랴다임에서 엠 족속을 치고, 호리 족속을 그 산 세일에서 쳐서 광야 근방 엘바란까지 이르렀으며(창14: 1~6)'

이 고대 근동 전쟁사는 유프라테스 강 건너편의 메소포타 미아 지역 족속과 디그리스 강 주변에 살고 있는 족속들이 함의 후손인 에돔의 왕들에게서 조공을 받고 있었는데, 조공을 바치지 아니하므로 일어난 전쟁이었다. 어떻게 하여 에돔 족속들이 엘람 왕 그돌라오멜에게 조공을 바치게 되었는지 언급이 없지만, 12년까지 바치다가 13년째부터 바치지 아니하니, 14년째 전쟁이 일어난 것이다.

이번 전쟁이 있기 전에 에돔 지역에 에돔 연합군이 탄생한 것으로 보이는데, 그 연합군은 엘람왕 그돌라오멜에게 조공을 바치지 않기 위하여 만들어졌다고 생각된다. 조공을 2년째 바치지 아니한 것으로 미루어 창립 2년 전후가 되지 아니할까 생각된다.

창세기 36장 31~39절을 보면 에돔왕의 계보(系譜)가 나오는데, 초대왕이 벨라왕이고, 이번 전쟁에 등장하는 소알왕의 이름이, 곧 벨라왕이다(창14:2). 그래서 창세기 36장의 에돔

왕의 계보는 이 전쟁 때 조성된 연합국이며, 초대왕 벨라가 소알왕 벨라와 같은 인물이라고 생각된다.

메소포타미아의 엘람왕 그들라오멜의 연합군들은 에돔 원정길에 나서서 오늘날의 시리아 지역을 공략하고, 이어서 요단강, 사해 동쪽을 공격하고 남진(南進)하여 에돔의 본거지 인 세일산의 호리족속 지역까지 점령하고, 거기서 서진(西進) 하여 가데스지역의 아말렉족속과 그 주변 아모리인을 공략 하여 강력한 지원군들을 모두 괴멸시키고, 마지막으로 재물 이 많은 탈취의 대상인 소돔과 고모라지역을 최후에 공략하 고 있는 것이다.

최후의 전장(戰場)인 사해 남방(南方) 싯딤 골짜기에서 전 쟁을 치르지만, 벨라왕을 중심한 소돔, 고모라, 아드마, 스보 임의 에돔 연합군 진영은 대패하고, 모든 재물은 약탈되고 사람들은 포로가 되었으며, 아브람의 조카 롯도 포로가 되어 단까지 끌려가는 신세가 되었다.

그러나 여기서 도망한 자가 이 사실을 헤브론에 거하는 이 전쟁에 대비하고 있는 아브람에게 전했을 때, 아브람은 집에서 기른 사병 318명과, 동맹군(同盟軍) 마므레의 가솔(家 率)들을 이끌고 쫓아간다. 그리고 밤에 단에서 기습 공격을 하여 다메섹 왼편 호바까지 추격하여 조카 롯과 모든 재물을 찾고, 포로들을 해방시키고, 적들을 빈손으로 돌아가게 하는 큰 승리의 전과(戰果)를 거둔다.

따라서 메소포타미아와 에돔 전쟁의 최후 승자는 아브람이고, 그는 일시에 가나안 땅에서 가장 강력한 세력으로 등장하여 소돔왕의 영접을 받고, 살렘왕 멜기세덱은 떡과 포도주를 가져오며, 아브람이 하나님의 위대한 방백(方伯)임을 선포한다. 이번 전쟁의 주관자는 하나님이시고, 그 하나님께서 아브람을 승리하게 하셨음을 만천하에 알린 내용인 것이다.

아브람은 전쟁 승리의 모든 탈취물에서 십일조를 하나님의 말씀의 대언자인 멜기세덱에게 바치므로 모든 승리의 영광을 하나님께 바쳤다. 아브람은 소돔왕의 탈취물에 대한 권리 제의에도 거절하고, 전지전능하신 하나님을 의지하는 것이 이 모든 재물보다 앞선 것을 믿었다.

그는 셈족의 장자이고, 하나님께서 그를 갈대아 우르에서 불러내어 유프라테스 강을 건너 가나안땅으로 오게 하여 히브리 사람 아브람이 되었고, 가나안 땅을 네 후손에게 주시겠다는 약속을 받았다. 이 말은 가나안은 셈의 종이 되고(창

9:26)'라는 예언을 성취할 자는 아브람의 후손이며. 이 아브람에게 주실 이 땅의 소산물은 아브람에게 바쳐야지 유프라테스 강 건너 족속들에게 바쳐서는 안 된다는 것을 전쟁의 결과로 세상에 알게 하신 것이 아닐까 생각된다.

전쟁을 치르고서도 아브람의 조카 롯은 소돔으로 되돌아간다. 다시 죄악으로 되돌아간 롯은 더 참담한 인생이 되지만 아브람은 전쟁의 승리에도 불구하고 그 지역에서 자기를 과시하거나 세상의 연락을 추구하지 아니하고 하나님의 음성을 듣는 선지자(先知者)적 삶을 살고 있음을 볼 수 있다.

전쟁 후 '여호와의 말씀이 환상 중에 아브람에게 임하여 이르시되, 아브람아 두려워하지 말라 나는 네 방패요 너의 지극히 큰 상급이니라(창15:1),' 라고 격려하신 것을 보면, 자기의 노년을 지켜 줄 자식 하나 없는 상황에서, 갑자기 아브람의 명성은 온 에돔과 가나안을 휩쓸어, 가나안의 주인이 되어 그 땅을 지킬 사람으로 보이는 것은 두려운 일이었을 것이다.

그러나 아브람은 그와 같은 상황 속에서도 하나님을 전적으로 신뢰하고 의지함으로 믿음의 조상이 되었다.

- 2012. 7. 30 -

아브라함과
할례

너희의 대대로 모든 남자는 집에서 난 자나 또는 너희 자손이
아니라 이방 사람에게서 돈으로 산 자를 막론하고 난 지 팔 일 만
에 할례를 받을 것이라.　　　　　　　　　　　　　**[창 17:12]**

아브람은 사래의 간청에 하갈을 취한다. 하나님이 하늘의
별처럼 바다의 모래만큼 많은 후손을 주시겠다고 약속하셨
지만, 돌아보면 아이를 낳을 수 있는 상황이 아니다. 사래는
나이가 들고 생리(生理)가 끝나서 자녀를 임신한다는 것은 인
간적으로 불가능하였다.

그런데 하나님은 아브람에게 아들을 주시겠다고 말씀하
셨으니 그것은 후처(後妻)를 얻어 아들을 낳으라는 것이 아닐
까 사래는 많은 생각 끝에 용기를 내어 사랑하는 아브람의

품에 애굽인 종 하갈을 안겨준다. 그리고 하나님의 뜻인 듯 하갈은 덜컥 임신이 된다. 하갈이 이스마엘을 출산하여 드디어 아브람에게도 아들이 있게 되었다. 얼마나 기쁜 일인가?

그런데 하나님은 계속 침묵하셨다.

자주 말씀하시던 하나님은 아브람이 99세, 이스마엘이 13세 되던 때 찾아오신다. 그리고 '이르시되 나는 전능한 하나님이라. 너는 내 앞에서 행하여 완전 하라(창17:1)'고 말씀하신다.

완전 하라는 의미는 무엇인가 하나님의 말씀을 그대로 완전히 믿어 버리라는 명령일 것이다. 사래를 통하여 아들을 주실 것을 믿으라는 것이다. 아브람과 사래를 갈대아 우르에서부터 부르실 때, 그리고 가나안 땅으로 인도할 때에도 사래를 아브람의 아내로 부르셨으니 당연히 사래에게서 아들을 낳게 하실 줄 믿어야 했다.

'이제 후로는 네 이름을 아브람이라 하지 아니하고 아브라함이라 하라. 이는 내가 너를 여러 민족의 아버지가 되게 함이다(창17:5).' 하나님이 또 아브라함에게, '네 아내 사래는 이름을 사래라 하지 말고 사라라 하라. 내가 그에게 복을 주어 그가 네게 아들을 낳아 주게 하며 내가 그에게 복을 주어 그를 여러 민족의 어머니가 되게 하리니 민족의 여러 왕이 그에게서 나리라(창17:15~16).' 고 하셨다.

그런데 아브라함은 하나님의 말씀을 믿을 수 없었다.

'아브라함이 엎드려 웃으며 마음속으로 이르되 백 세 된 사람이 어찌 자식을 낳을까 사라는 구십 세니 어찌 출산하리요' 하며 아브라함은 하나님께 '이스마엘이나 하나님 앞에 살기를 원다' 고 했다.

그러자 하나님께서 이렇게 말씀하신다.

'아니라 네 아내 사라가 네게 아들을 낳으리니 너는 그 이름을 이삭이라 하라 내가 그와 내 언약을 세우리니 그의 후손에게 영원한 언약이 되리라(창17:17~19).'

하나님이 아브라함에게 또 말씀하신다.

'그런즉 너는 내 언약을 지키고 네 후손도 대대로 지키라 너희 중 남자는 다 할례를 받으라 이것이 나와 너희와 너희 후손 사이에 지킬 내 언약이라(창17:9~10).'

하나님은 아브라함이 하갈을 취하므로 하나님의 뜻이 훼손된 것을 다시금 회복시키기 위해 아브라함에게 할례를 요구했다. 남자 성기(性器)의 포피(包皮)를 베어 심한 통증과 피를 흘려야 하는 하갈을 취한 불신을 씻는 고통을 감수하도록 하신 것이다.

아브라함은 할례를 행할 것을 결단했다.

'이에 아브라함이 하나님이 자기에게 말씀하신 대로 이 날에 그 아들 이스마엘과 집에서 태어난 모든 자와 돈으로 산 모든 남자를 데려다가 그 포피를 베었으니 아브라함이 그의 포피를 벤 때는 구십구 세였고 그의 아들 이스마엘이 그의 포피를 벤 때는 십삼 세였더라고 기록되어 있다(창17:23~25).'

하나님은 전능하시고 신실하시다. 성경은 여호와께서 말씀하신 대로 사라를 돌보셨고, 백세 노년의 아브라함에게 아들을 주셨으며, 그 아들 이삭은 난 지 팔 일 만에 할례를 행하였다(창21:1~4)고 기록하고 있다. 이후 아브라함의 후손들은 할례를 행하여 하나님의 언약의 백성이 되었다.

오늘날 우리 신약의 성도는 어떤 할례를 받는가 육신의 포피(包皮)를 벨 것인가 마음의 포피를 벨 것인가 바울 사도는 골로새 성도들에게 '또 그 안에서 너희가 손으로 하지 아니한 할례를 받았으니 곧 육의 몸을 벗는 것이요 그리스도의 할례니라(골2:11)' 라고 말하였다.

　우리가 그리스도를 믿게 됨으로 주님의 은혜가 우리에게는 할례요 곧 영생의 약속이 이루어지는 길이 되는 것이다.

－ 2016. 4. 18 －

소돔을 위한 아브라함의 기도

아브라함이 또 이르되 주는 노하지 마옵소서 내가 이번만 더 아뢰리이다 거기서 십 명을 찾으시면 어찌 하려 하시나이까 이르시되 내가 십 명으로 말미암아 멸하지 아니하리라. [창 18:32]

아브라함은 날이 뜨거울 때에 헤브론의 마므레 상수리나무들이 우거져 있는 곳, 장막 문에 앉아 있다가 찾아오신 세 분을 영접하여 점심을 부지런히 준비하여 대접하였고, 그들은 아브라함에게 내년 이맘때 사라에게 아들이 있으리라 말씀하신다(창18장).

그때 사라는 장막 뒤에서 피식 웃었다.

'나는 늙었고, 경수도 말랐어요. 나를 기분 좋게 하려고 하신 말씀이겠지요. 호호호…….'

그런데 세 분이 하시는 말씀, '장막 뒤에서 왜 사라가 웃느냐'는 말에 사라는 깜짝 놀란다. 그리고 그녀는 '나 안 웃었어요.'라고 두려워하며 변명하였다. 그분은 다시금 사라에게 '아니다. 웃었다. 그리고 내년 이맘때 아들이 있으리라.'고 다시 한 번 확실하게 말씀하셨다.

두 사람은 소돔을 향하여 일어나 가시고, 여호와께서는 아브라함에게 '내가 소돔을 멸할 것을 아브라함에게 숨기겠느냐 소돔의 죄악이 극에 달하였으니 멸하리라.'고 말씀하신다.

아브라함은 동성애(同性愛) 죄악의 도시 소돔을 생각했다. 조카 롯이 있는 땅, 생명을 걸고 다메섹까지 쫓아가서 대군을 쳐부수고 재물과 포로들을 구원하여 살려 데려 온 그들이 함께 멸망당할 것을 생각하며, 또 조카를 살리고 싶은 그의 마음은 불붙는 것 같아 엎드려 외친다.

"의인을 악인과 함께 멸망시키는 것이 가합니까 거기에 의인 50명이 있어도 심판하시겠습니까"

그러자 '내가 의인 50명을 인하여 멸하지 않겠다'고 대답하신다 아브라함은 용기가 생겨서 또 묻는다.

"의인 45명이 있으면 어찌하시겠습니까"

"내가 용서하리라."

그리고 계속되는 아브라함의 중보기도 끝에 소돔에 의인 열 명만 있어도 멸망시키지 않겠다는 말씀을 듣게 된다. 하나님이 의인을 얼마나 사랑하시는가?

다음날 아침 아브라함은 소돔을 향하여 눈을 들었다. 들판은 연기로 가득차고, 메케한 냄새와 온 들이 하늘의 심판의 재와 먼지로 덮여 있었다. 아브라함은 억장이 무너졌을 것이다. 자기와 함께 갈대아 우르를 떠나 하란을 거쳐 이곳까지 와서, 잘 살아보겠다고 소돔까지 들어갔는데, 그곳의 멸망과 함께 망해버린 조카 롯, 처연하게 서있는 외롭고 고독한 아브라함의 모습을 상상할 수 있을 것이다. 아브라함은 살아 있는 롯의 소식을 훨씬 후에 알게 되었을 것이다.

아브라함은 헤브론의 버려진 초장에서 더는 목축을 할 수 없었다. 그는 그랄 지방의 초장을 찾아 이주하기로 결심한다.

그런데 그랄이 어떤 곳인가 그는 가자마자 아내를 그랄왕에게 보내고, 남편인 자기는 오라비가 되어 생명을 부지할 수밖에 없는 처량한 신세가 되고 만다. 하나님이 내년 이맘때 아들을 낳게 하시겠다고 선언한 그 아내를 보내야 하는 아브라함의 심정은 참담했을 것이다.

그러나 하나님은 그랄 왕에게 간섭하셔서 사라는 돌아오고, 아브라함 그는 하나님의 방백임이 드러나서 당당하게 일어선다. 하나님이 일어서게 하신 것이었다.

그리고 여호와께서 말씀하시던 때에 드디어 이삭을 낳아 품에 안게 된다. 그간의 고통과 역경 후에 하나님은 영원한 약속의 아들 이삭을 사라를 통해 아브라함에게 주심으로 그 동안의 고통은 사라지고 한없이 만족스러웠다. 후대를 이을 약속의 자녀를 품에 앉고 그는 한없이 웃었을 것이다.

아브라함은 중보기도로 소돔을 구하지 못했지만, 하나님의 은혜로 약속의 자녀는 선물로 받았다.

지금 세상은 어떤가 지금 이 세상은 소돔과 별반 다르지 않는 상황이 아닌가 소돔을 위한 아브라함의 기도가 절실했던 것처럼, 우리도 세상을 위하여 아브라함처럼 엎드리고, 시대를 깨우치며, 지구촌의 범죄를 용서함 받도록 중보자요 전도자로 일어서야 한다. 구원의 방주되신 예수 그리스도께로 모두가 돌아올 수 있도록 묘책을 찾고 간구할 때이다.

— 2017. 10.24 —

불임(不姙)의 여인
사라

그가 이르시되 내년 이맘때 내가 반드시 네게로 돌아오리니 네 아내 사라에게 아들이 있으리라 하시니 사라가 그 뒤 장막 문에서 들었더라. **[창 18:10]**

아브람은 이복 여동생인 사래와 결혼하였고, 갈대아 우르를 떠나서 하란에 올 때까지 자식이 없었다.

그러나 여호와께서는 아브람에게 '너는 너의 고향과 친척과 아버지의 집을 떠나 내가 네게 보여 줄 땅으로 가라. 내가 너로 큰 민족을 이루고 네게 복을 주어 네 이름을 창대하게 하리니 너는 복이 될지라(창12장)' 고 하셨다.

아브람이 하란을 떠나 가나안으로 들어갈 때 75세였고, 사래는 65세였다. 사래는 하나님의 은혜로 임신이 되어 아이가 곧 태어 날 것이라 생각했을 것이다. 그러나 그는 임신이 되지 않는 불임(不姙)의 여인인 것이다.

그들은 가나안땅으로 들어왔지만 그 땅에 기근이 들었으므로 애굽에 거류하려고 그곳으로 내려갔다. 그런데 애굽 사람이 사래의 아름다움을 보고 바로의 궁으로 이끌어간다. 사래는 아브람에게 아들을 낳아주기는 고사하고 바로의 여인이 되어 바로의 궁에서 살게 되는 신세가 되었다. 그러나 하나님은 바로에게 역사하셨고, 바로는 아브람과 사래를 무사히 돌려보낸다.

창세기에는 이렇게 씌어 있다.

'그가 네게브에서부터 길을 떠나 벧엘에 이르러 여호와께서 아브람에게 너는 눈을 들어 너 있는 곳에서 북쪽과 남쪽 그리고 동쪽과 서쪽을 바라보라. 보이는 땅을 내가 너와 네 자손에게 주리니 영원히 이르리라(창13:14~56).'

그런데 세월은 가고 사래는 임신이 되지 않는 것이다. 이렇게 10여 년이 지나 사래는 75세가 되고, 생리(生理)도 가버린 뒤 다시 오지 않았다. 이제 그녀는 임신을 기대할 수 없게 되었다, 인간으로는 임신이 될 수 없었다. 불임의 여인이 확실하게 된 것이다.

이 후, 여호와의 말씀이 환상 중에 또 아브람에게 임하신다.

'네 몸에서 날 자가 네 상속자가 되리라. 하늘을 우러러 뭇별을 셀 수 있나 보라. 네 자손이 이와 같으리라 하셨으며 아브람이 여호와를 믿으니, 여호와께서 이를 그의 의로 여기시고 그 날에 여호와께서 아브람과 더불어 언약을 세워 이르시되, 내가 이 땅을 애굽 강에서부터 그 큰 강 유브라데까지 네 자손에게 주노라 하셨다(창15:1~18).'

불임의 여인 사래는 모종의 결심을 하고서 아브람에게 말한다. '여호와께서 내게 출산을 허락하지 아니하셨으니 원하건대 내 여종에게 들어가라. 내가 혹 그로 말미암아 자녀를 얻을까 하노라(창16:2).'

아브람은 사래의 말을 듣고 86세에 하갈을 취하고, 아들 이스마엘을 낳는다.

사래의 생각은 이렇게라도 대를 이을 자를 해결했다고 생각하여 아브람에게 아들을 낳아주는 짐을 덜었다고 생각했겠지만, 하나님께서는 '아니라, 네가 아들을 낳으라.' 고 하신다. 하나님은 사래를 통한 대를 이을 정통 후손을 주실 계획을 갖고 계셨던 것이다.

하나님은 아브람 99세 때에 나타나셔서 '나는 전능한 하나님이라. 너는 내 앞에서 행하여 완전 하라. 이제 후로는 네 이름을 아브람이라 하지 아니하고 아브라함이라 하리니 이는 내가 너를 여러 민족의 아버지가 되게 함이니라. 내가 내 언약을 나와 너 및 네 대대 후손 사이에 세워서 영원한 언약을 삼고 너와 네 후손의 하나님이 되리라. 너희 중 남자는 다 할례를 받으라. 이것이 나와 너희와 너희 후손 사이에 지킬 내 언약이다(창17장).' 라고 말씀하셨다.

하나님께서는 '또 네 아내 사래는 이름을 사래라 하지 말고 사라라 하라. 내가 그에게 복을 주어 그가 네게 아들을 낳아 주게 하며 내가 그에게 복을 주어 그를 여러 민족의 어머니가 되게 하리니 민족의 여러 왕이 그에게서 나리라.' 고 하셨다. 아브라함은 믿을 수 없어 웃었지만, 하나님은 아들을 낳으리니 이름을 이삭이라 하라고 명령하셨다.

하나님의 명령대로 아브라함이 그의 포피(包皮)를 벤 때는 구십구 세였다.

할례를 행한 후 불임의 90세 된 사라에게는 다시금 봄이 찾아 왔다. 하나님이 역사하셔서 임신이 되어 90세에 아들을 낳게 된 것이다. 믿을 수 없는 기적이 일어난 것이다(창21장). 하나님의 능력이 사라를 임신할 수 있는 몸으로 회복시켜 임신케 하신 것이다.

이것은 이삭의 후손, 믿음의 계보에서 약속대로 인류의 죄를 해결할 자 예수를 탄생케 하실 예표적인 것이었다. 처녀의 몸에 성령으로 잉태되어 예수 그리스도를 낳게 하실 수 있으신 하나님의 능력을 미리 세상에 보여주신 성령님의 기이한 역사였다.

- 2018. 10. -

롯의 처(妻)

여호와께서 하늘 곧 여호와께로부터 유황과 불을 소돔과 고모라에 비같이 내리사 그 성들과 온 들과 성에 거주하는 모든 백성과 땅에 난 것을 다 엎어 멸하셨더라 롯의 아내는 뒤를 돌아보았으므로 소금 기둥이 되었더라.

[창 19:24–26]

예수님은 세상의 마지막 때를 말씀하시면서 '롯의 처를 기억하라.'(눅17:32)고 말씀하셨다.

이 세상의 마지막은 어떤 상황이며, 세상 사람들의 마음이 어떨까를 생각해 봄으로서 예수님께서 하신 말씀의 의미를 이해할 수 있을 것 같다. 롯의 처라는 여인은 그 생각과 삶이 불신앙의 본보기가 되기 때문이다.

창세기 11:29절에는 아브람과 사래, 나홀과 밀가의 결혼을 소개하고, 그리고 롯도 결혼을 했을 터인데 롯의 처의 이름을 밝히지 않고 있다. 왜냐하면 롯의 처의 이름은 후세에서 가장 추악한 불신앙을 의미하는 이름이 될 것이기 때문에 당시의 수많은 동명이인(同名異人)들을 보호하기 위한 것이라 생각된다. 이처럼 성경은 인간의 인권을 보호하고 있다.

예수님께서 세상 마지막 때의 경고로 롯의 처를 기억하라고 하실 만큼 롯의 처는 적극적으로 믿음을 포기한 여인이었다. 롯의 처는 하나님이 하시는 일들을 옆에서 보아왔다. 아브람을 통하여 역사하시는 하나님의 인도와 구원, 사래가 애굽에서 어떻게 돌아오도록 하나님이 역사하셨던가 등을 옆에서 모두 보았다. 척박한 물이 부족한 가나안 땅에서도 그들은 부유했고, 하나님의 축복으로 가축들이 매일 불어나는 것을 직접 본 여인이다.

롯은 동편을 택하여 요단의 풍부한 수원(水原)을 따라 목축을 계속한다. 어떻게 하다가 소돔에까지 들어가게 되었는지 과정에 대한 설명은 없지만, 그 시대의 가장 타락한 도시, 동성애(同性愛)의 도시 소돔이었다. 롯의 가족은 소돔이 행복을 주는 곳으로 생각했겠지만, 사실은 멸망 직전의 도시였었다. 그들의 죄악이 극에 이르자 하나님의 천사가 소돔에 이른다(창19장). 하나님의 천사들이 거리에서 경야(經夜)하려고 할 때 롯은 그들을 집으로 모셔 들이고 무교병을 구워 저녁을 대접한다.

그날 저녁, 주민들은 '그 손님을 내 놓아라. 우리가 동성애 섹스를 하겠다.' 고 협박하는 상황이 벌어지는데, 롯은 포악한 주민들을 설득하지만, 주민들은 '이 사람이 우리의 법관이 되려한다.' 며 롯에게까지 포학을 더한다. 그러자 주의 천사들이 롯을 끌어들이고 주민들의 눈을 어둡게 하는데, 이 모든 것을 곁에서 롯의 처는 지켜보고 있었다.

하나님의 천사는 롯에게 말한다.

'이 악한 도시를 멸하려 하나님이 우리를 보내셨으니, 너와 너의 가솔(家奉)들은 속히 이 도시를 떠나라.'

롯은 사위들을 찾았고, 그들에게 경고하였지만 그들은 농담으로 여겼다. 시간은 가고 롯도 떠나려 하지 않자 하나님의 천사들은 롯과 롯의 처의 손을 잡고, 그리고 그의 두 딸을 이끌고 소돔을 빠져 나온다. 그리고 '저기 보이는 저산으로 속히 도망하여 생명을 보존하라.' 고 명령한다.

그러나 롯은 멀리 보이는 산보다는 가까이 있는 소알성으로 피신하겠다고 구하여 천사들의 하락을 받는다. 천사들은 심판의 길로 나아가고 롯과 가족은 명령대로 소알성으로 급히 달려갔다.

그런데 롯의 처는 어떠했을까 그녀는 이 맑은 날에 무슨 날벼락이겠느냐며, 소돔성이 파괴된다는 것을 믿을 수가 없었다. 그리고 소돔성에 남겨둔 소유물들을 지키고 싶어서 오던 길을 되돌아 소돔을 향한다.

롯의 처는 눈으로 직접 하나님이 하신 일을 본 여인이다. 천사의 손에 이끌려 소돔에서의 구원을 경험하고도 되돌아가는 여인이었다.

롯이 소알 성에 들어갈 때의 심판의 모습을 성경은 말한다.

'여호와께서 하늘 곧 여호와께로부터 유황과 불을 소돔과 고모라에 비같이 내리 사 그 성들과 온 들과 성에 거주하는 모든 백성과 땅에 난 것을 다 엎어 멸하셨더라. 롯의 아내는 뒤를 돌아보았으므로 소금 기둥이 되었더라(창19:24~26).'

예수님은 세상의 마지막 때에도 사람들이 롯의 처 같을 것이라고 말씀하셨다. 롯의 처가 행한 불신의 결과는 소금기둥이 된 것이었다. 그녀는 심판을 알고도 구원받지 못한 채,

후세의 속담거리가 되었다. 지금 세상은 어떤가 롯의 처가 사랑했던 소돔 고모라가 우리의 눈앞에 있고, 하나님께서는 우리에게 성경을 통하여 경고하고 계신다.

"최후의 심판이 곧 시작된다. 너희는 재림하실 예수 그리스도를 믿고 구원을 받으라."

-2016. 6. 14 -

이르시되 여호와께서 이르시기를 내가 나를 가리켜 맹세하노니 네가 이같이 행하여 네 아들 네 독자도 아끼지 아니하였은즉 내가 네게 큰 복을 주고 네 씨가 크게 번성하여 하늘의 별과 같고 바닷가의 모래와 같게 하리니 네 씨가 그 대적의 성문을 차지하리라 또 네 씨로 말미암아 천하 만민이 복을 받으리니 이는 네가 나의 말을 준행하였음이니라 하셨다 하니라(창22:16-18)

4

이삭

모리아산의 번제단
바위

하나님이 그에게 일러 주신 곳에 이른지라 이에 아브라함이 그
곳에 제단을 쌓고 나무를 벌여 놓고 그의 아들 이삭을 결박하여 제
단 나무 위에 놓고.

[창22:9]

예루살렘 성전 터에는 팔각형 황금빛 이슬람사원(바위 돔)
이 있다. 이 건물 한가운데에는 길이18m 넓이13m 높이
1.25~2m의 거대한 흰 옥돌바위가 있는데, 이삭을 드리던 번
제단 바위이다.

창세기 22장 2절에 '아브라함에게 여호와께서 이르시되
네 아들 네 사랑하는 독자 이삭을 데리고 모리아 땅으로 가
서 내가 네게 일러 준 한 산 거기서 그를 번제로 드리라' 하
였는데, 거기로 등장하는 장소가 바로 이삭을 번제로 드리는

데 사용하려고 했던 거대한 흰 옥돌바위이다.

다윗은 예루살렘 모리아산 정상의 이곳 밭을 오르난에게 금 600세겔을 주고 사서 거기서 여호와를 위하여 제단을 쌓고 번제와 화목제를 드려 여호와께 아뢰었다. 여호와께서 하늘에서부터 번제단 위에 불을 내려 응답하셨고, 다윗은 이같이 말한다. '이는 여호와 하나님의 성전이요, 이는 이스라엘의 번제단이라(역대상21:25)' 그리고 그곳에 성전을 짓기로 했다.

이스라엘 자손이 애굽 땅에서 나온 지 480년이요, 솔로몬이 이스라엘 왕이 된 지 4년 시브월 곧 둘째 달(BC 966년)에 솔로몬이 여호와를 위하여 성전 건축하기를 시작하였고(왕상6:1), 열한째 해 불월, 곧 여덟째 달에 그 설계와 식양대로 성전 건축이 다 끝났으니 솔로몬이 칠 년 동안 성전을 건축하였다(왕상 6:38)고 기록되었다.

솔로몬이 지은 성전은 바벨론에게 멸망당하던 BC 586년에 파괴된다. 그리고 모든 성전 제사 기구까지도 바벨론으로 옮겨진다.

역사는 흐르는 물처럼 지나고, 하나님의 경륜아래 이스라엘에게 햇빛이 비쳐 바사의 고레스왕의 원년 BC 538년의 칙

령으로 바벨론의 포로에서 해방된다. 그들은 모든 성전 기구를 찾아 가지고 원하는 백성들을 이끌고 스룹바벨이 총독이 되어 고국으로 돌아온다. 그리고 스룹바벨은 솔로몬이 지었던 성전 터 위에 제2의 성전을 짓기 시작한다.

성전은 돌아온 다음해(BC 536)에 착공하였으나, 대적들의 방해로 건축이 중단되었다가 다리오왕의 조서로 공사가 다시 시작되었다. 그리고 다리오 왕 제 육년(BC 516년) 아달월 삼일에 성전 공사를 끝낸다(에스라6:15).

성전을 건축하고 다시 시작한 성전 예배야말로 이스라엘에게는 한없는 기쁨이었다. 백성들은 다시는 성전이 헐리는 일이 없도록 의롭게 살기를 서약하였다.

그후 몇 백 년 뒤에 스룹바벨 성전은 헤롯에 의해 다시 세워진다. 헤롯은 이스라엘 사람들의 마음을 사기 위하여 BC 20년에 다시 성전을 건축하기 시작하여 9년 만에 크고 화려하게 외형을 완성하였다. 그리고 내부는 AD 63년까지 지었다고 한다.

예수님은 감람산에서 성전을 바라보시면서, '돌 하나도 돌 위에 남지 않고 다 무너뜨리우리라' 고 말씀하셨는데, 성전은 AD 70년 로마군에 의하여 철저하게 파괴된다.

성전 파괴 시점에서 유태교와 초대 기독교가 분리되고,

신약교회는 크게 부흥하여 아시아와 북 아프리카와 유럽을 복음화 하였다.

신약교회는 성전 되신 예수님이 계셔서 성전 제사가 필요 없으며, 따라서 예루살렘 성전을 다시 지을 필요가 없었다. 인류역사는 기독교의 영향 아래 있었다.

이런 때에 마호메트가 AD 570년에 태어난다. 그리고 부자 과부 카디자와 AD 595년 결혼하고, AD 610년에 계시를 받았다면서 추종자를 모으기 시작하고, 전쟁을 통해서 세력을 키우고 아라비아 반도를 점령하여 종교와 정치가 분리되지 않은 나라를 세운 후 AD 632년에 죽는다.

그의 후계 추종자들은 시리아, 터키, 이집트 등을 점령하고, 마호메트의 어록을 모으며, 성경을 날조(捏造)한다. 마호메트가 승천할 때 아브라함이 이삭을 드리던 제단 옥돌 바위에 메디나에서 말을 타고 하늘을 날아서 왔다는 황당한 이슬람 전승을 퍼뜨려, 예루살렘의 성전 터의 흰 거대한 옥돌바위는 이슬람의 중요한 성지(聖地)와 성물(聖物)이 되었다.

아랍인들은 이스마엘의 후손인 자신들이 인류 구원의 주체이고, 자신들이 믿는 알라가 참 신이며, 마호메트가 최후의 보냄을 받은 예언자라고 주장한다.

시리아와 팔레스티나 지역에 2번째 칼리프왕조인 우마이야 왕조를 세운 무아위아 1세(AD 661~680)가 이 흰 옥돌바위 위에 바위 돔 사원의 건축을 계획하고, 5대 칼리프인 아브드 알 말리크(AD 685~705)가 세워서는 안 되는 우상의 전각(殿閣)을 AD 685년에 착공하여, 비잔틴 양식 8각형의 웅장한 바위 돔 황금사원을 AD 691년에 완공하였다.

이 사원 안에는 기독교를 비난하는 글로 장식되어 있는데, 언제 기록되었는지 궁금하다. 아랍어의 공문서 서체가 확정된 것이 AD 700년 이후이므로 이 글은 AD 701~705년 사이에 설치되지 않았을까 여겨진다.

바위 돔 사원 바로 남쪽 옆에는 '가장 멀리 떨어진 사원'이라는 뜻의 '엘 악사 사원'이 있다. 이곳은 마호메트가 승천할 때 메디나로부터 말을 타고 가장 먼 곳인 이 지점까지 하늘을 날아서 왔다는 황당한 이슬람 전승에 의거하여 세웠다. 원래 비잔틴 교회가 있었던 기초위에 바위 돔 사원을 세웠던 자의 아들 칼리프 왈리드에 의하여 AD 715년에 지어졌다.

지금도 예루살렘에 가면 이 두 사원을 볼 수 있다. 거짓으로 날조된 코란을 기반으로 세워진 황금사원, 거룩한 예루살렘 성전 터에 결코 세워서는 안 되는 곳에 세워진 우상의 전각(殿閣)인 것이다.

이슬람 황금사원은 우리에게 무엇을 말해주고 있는가? 우리는 그것들을 보면서 마지막 미전도(未傳道) 종족과 이슬람 선교를 깊이 생각해 볼 일이다.   -2011. 8. 8 -

헤브론의
사라

사라가 백이십칠 세를 살았으니 이것이 곧 사라가 누린 햇수라.
사라가 가나안 땅 헤브론 곧 기럇아르바에서 죽으매 아브라함이
들어가서 사라를 위하여 슬퍼하며 애통하다가.   [창 23:1-2]

사라는 헤브론을 잊을 수가 없다. 생각만 해도 항상 마음
이 뿌듯하고, 가서 머물고 싶은 장소인 것이다. 회상하건데,
그 날 뜨거울 때에 찾아온 세 분의 손님을 아브라함이 맞이
하고서 잡아준 송아지를 요리하고, 고운 가루 세 스아의 빵
을 만들어 그분들의 식탁에 올려 대접했던 그 일들을 사라는
회상하고 있는 것이다. 식사를 마치고 그분은 아브라함에게
물었다(창18장).

"지금 사라가 어디 있느냐? 네 장막 안에 있습니다. 내년
이맘때에 내가 올 것이니 사라가 아들을 낳을 것이다."

사라는 장막 안에서 그 말씀을 들었다. 얼마나 아들을 낳기를 사모하고 기다렸는가 그러나 그녀는 생리가 가버렸고, 나이 또한 89세의 늙은 여인이 아니던가 그런데 아이가 있으리라고 하니 이는 나를 즐겁게 해 주시려는 위트 있는 농담쯤으로 생각되어 고맙고 감사해서 피식 웃었다.

그런데 그분은 왜 사라가 웃느냐고 물었다. 사라는 두려웠다. 장막 안에서 '나 안 웃었다고요.' 라고 말했지만, 그분은 웃었다고 하시면서 '내가 내년 이맘때 돌아올 것이니 아들을 낳을 것이' 라고 말씀하셨다.

그리고 소돔을 멸하시겠다는 말씀을 하셨다. 하나님 앞에 선 아브라함은 조카 롯을 위하여 간청하여 소돔에 의인 10명만 있어도 멸하지 않으시겠다는 언약을 받고서 그 밤을 중보기도로 지새웠던 기억이 사라에게는 있다.

그러나 그 밤에 소돔은 불비가 쏟아져 파멸되고, 온 천지는 재와 먼지로 뒤덮여, 떠나지 않으면 안 될 상황이 되었었다.

아브라함과 사라는 정든 헤브론을 떠나 블레셋 그랄로 내려갔다. 살기 위하여 어쩔 수 없이 그랄에서 아내인 사라를 누이라 하였고, 사라는 그랄왕 아비멜렉에게 데려가진다. 하나님께서는 사라를 통하여 아들을 주시겠다고 약속하셨는데, 아브라함이 그 사라를 누이라 하였음으로 그랄왕이 데려가게 된 것이다. 그런 상황에서 하나님은 아비멜렉에게 말씀하셨고, 사라는 아브라함에게로 즉시 돌아온다.

하나님의 약속은 정확하여 약속의 때가 되자 사라는 90세에 이삭을 낳는다. 기쁨의 아들 이삭을 젖 먹일 수 있게 된 것이다. 이삭은 건강하게 잘 자라고 하루하루가 평온했다. 그런데 하나님께서는 갑자기 아브라함에게 말씀하신다. '내가 지정한 산으로 가서 이삭을 번제로 드리라'는 것이었다(창22장).

어떻게 낳은 아들인가 분명 하나님이 주신 것이니, 이 아들은 하나님의 것이다. 아브라함의 믿음은 하나님이 이삭을 제물로 바치라면 바치는 것이었다.

아브라함은 이삭과 함께 3일 길의 모리아 산을 향하여 출발하였다. 저 멀리보이는 모리아 산 정상, 거기가 제사드릴 장소다. 아들에게 나무를 지우고, 아버지는 불과 칼을 들고 정상에 오른다. 그리고 아들을 결박하여 나무 위에 눕힌다. 아들 이삭은 어떤 심정이었을까? 아버지의 비수는 아들의 심장을 향하여 겨누어 있다.

　그때 하나님은 아브라함을 부르셨고, '그 아이에게 네 손을 대지 말라.' 하셨으며, 하나님을 경외하는 것을 확인하셨다. 그리고 수풀에 뿔이 걸린 여호와 이레의 숫양을 발견하여 번제로 드리고 브엘세바로 돌아온다.

　사라와 마주앉은 이삭은 어머니에게 제사에 대하여 과연 무엇이라고 보고를 했을까 '아브라함이 나이 들어 제 정신이 아니다. 앞으로 이대로 있다가는 또 언제 칼을 들고 이삭에게 달려들지 알 수 없으니 부자를 떼어 놓아야 하겠다.' 고 생각하지는 않았을까 그 후 사라는 20여 년 살았던 마음의 고향, 하나님이 자기에게 이삭을 낳을 것을 말씀하시던 헤브론으로 이삭을 데리고 갔을 것이고, 아브라함은 브엘세바에 거주하였을 것이다.

　사라는 추억의 헤브론에서 127세에 저 세상으로 갔다. 그리고 아브라함은 막벨라 굴을 사서 가족의 매장지로 삼는다. 하나님의 음성을 들었던 헤브론의 사라! 사라는 그곳 헤브론 땅에 묻히기를 원했던 것이다.

〈 본향을 향해 〉

마음의 고향
본향을 향해 가는 길에
그분의 음성이 어디선가 들려온다.

'내가 너를 사랑하노니
본향으로 오라.'
주님의 음성을 우러러 듣는다.

그리스도의 보혈로 죄를 씻은 자여,
본향으로 돌아가라.
예비된 영원한 사랑과 빛의 나라로…

$-$ 2019. 4. 2 $-$

허벅지 밑의
맹세

그 종이 이에 그의 주인 아브라함의 허벅지 아래에 손을 넣고 이 일에 대하여 그에게 맹세하였더라.

[창 24:9]

창세기에는 맹세하는 장면이 여러 번 나온다. 그중에 허벅지 밑에 손을 넣고 맹세하는 모습이 두 건 기록되어 있다.

아브라함이 이삭의 배필을 위하여 나홀의 성(창24:10)으로 종을 보낼 때이고, 또 한 번은 야곱이 요셉에게 자기를 헤브론에 장사 지낼 것을 맹세시킨 장면이다.

허벅지 밑에 손을 넣고 하는 맹세의 의미는 무엇일까 상식적으로 '허벅지 밑' 이라고 점잖게 씌었지만, 성기(性器) 밑에 손을 넣고 맹세하는 것이다.

성기(性器)는 무엇을 말하는가 세대를 이어주는 생식(生殖)의 의미이고, 이 맹세는 자신뿐만 아니라, 자신을 통하여 태어나는 모든 후대를 대상으로 하는 맹세이다. 번복할 수 없는 절대적인 권위를 가진 불가역적(不可逆的) 맹세인 것이다.

아브라함은 사라를 먼저 저 세상으로 보내고, 하나님의 약속을 믿고, 외로운 이삭을 결혼시켜 바다의 모래처럼 많은 후손들이 태어나도록 기도해야 했다. 그는 자기 집 모든 소유를 맡은 늙은 종에게 말했다.

'청하건대 내 허벅지 밑에 네 손을 넣으라. 내가 너에게 하늘의 하나님, 땅의 하나님이신 여호와를 가리켜 맹세하게 하노니, 너는 내가 거주하는 이 지방 가나안 족속의 딸 중에서 내 아들을 위하여 아내를 택하지 말고, 내 고향 내 족속에게로 가서 내 아들 이삭을 위하여 아내를 택하라(창24:2~4).'

주인이 종에게 자기 아들의 아내를 택하여 데려오라는 것이다. 종은 '여자가 나를 따라 이 땅으로 오려고 하지 아니하거든, 내가 주인의 아들을 주인이 나오신 땅으로 인도하여 돌아가리이까' 하고 물었다. 이삭 본인이 그리로 가서 아내를 택하도록 할 수도 있겠느냐는 질문이다.

아브라함이 종에게 '내 아들을 그리로 데리고 돌아가지 아니하도록 하라.' 하고 말했다. 이것이 아브라함이 요구하고 있는 맹세의 내용이었다.

'하늘의 하나님 여호와께서 나를 내 아버지의 집과 내 고향 땅에서 떠나게 하시고 내게 말씀하시며 내게 맹세하여 이르시기를 이 땅을 네 씨에게 주리라 하셨으니 그가 그 사자를 너보다 앞서 보내실지라 네가 거기서 내 아들을 위하여 아내를 택할지니라 만일 여자가 너를 따라 오려고 하지 아니하면 나의 이 맹세가 너와 상관이 없나니 오직 내 아들을 데리고 그리로 가지 말지니라(창24:7~8).'

종은 주인의 말뜻을 잘 알아들었다. 그래서 종이 주인 아브라함의 허벅지 아래에 손을 넣고 이 일에 대하여 맹세하였다.

아브라함의 종은 출발하여 나홀의 성에 도착하고, 하나님의 인도로 리브가가 이삭의 배필임을 알게 되며, 라반과 브두엘에게 자초지종을 말하자, 그들이 '이 일이 여호와께로 말미암았으니 우리는 가부를 말할 수 없다. 하나님이 인도하신 것이며, 리브가가 당신 앞에 있으니 데리고 가서 여호와의 명령대로 그를 당신의 주인의 아들의 아내가 되게 하라.'는 답을 듣는다. 다음날 아침 종은 리브가를 데리고 출발하고, 리브가는 이삭과 결혼한다.

리브가는 에서와 야곱을 낳고, 야곱은 열두 아들을 낳으며, 요셉은 애굽 총리가 된다. 그리고 흉년이 들고, 요셉은 야곱과 온 가족을 애굽 고센땅에 정착시킨다.

야곱은 애굽에서 17년을 살았다. 그는 노년에 영안(靈眼)이 더욱 밝아져 비록 후손들이 애굽에서 생활하고 있지만, 훗날 가나안 땅으로 올라가서 그 땅을 차지하고 살아야 할 것을 확실하게 하려고 요셉을 부른다.

'이스라엘이 죽을 날이 가까우매 그의 아들 요셉을 불러 그에게 이르되 이제 내가 네게 은혜를 입었거든 청하노니 네 손을 내 허벅지 아래에 넣고 인애와 성실함으로 내게 행하여 애굽에 나를 장사하지 아니하도록 하라 내가 조상들과 함께 눕거든 너는 나를 애굽에서 메어다가 조상의 묘지에 장사하라. 요셉이 이르되 내가 아버지의 말씀대로 행하리이다. 야곱이 또 이르되 내게 맹세하라 하매 그가 맹세하니 이스라엘이 침상 머리에서 하나님께 경배하하니라(창47:29~31).'

야곱은 임종하기 전 자신들의 본향은 애굽이 아니고, 가나안이라는 것을 각인(刻印)시킨 것이다.

요셉은 야곱이 세상을 떠나자 부친을 장사(葬事)하는 일에 지혜로운 계획을 세운다. 멀리 에돔 땅을 지나고 모압 땅을 거쳐 암몬의 땅을 밟고, 요단강에 이르러 7일간 애곡한 뒤, 요단강을 건너서 헤브론으로 갔다. 그리고 드디어 조상의 묘에 야곱을 장사하고 다시 애굽으로 돌아온다.

요셉은 아버지의 명에 따라 맹세한 그 장례의 일 헤브론에 장사하는 일을 마치고 무슨 생각을 했을까?

아버지의 생각 곧 헤브론이 우리의 영원한 고향이며 후손들의 고향이 되어야 하고 삶의 터전이 되며 이번 이 일이 인류의 역사의 구속사에 찬연히 빛나는 큰 사건으로 기록될 것을 요셉은 알았을 것이다.

과연 야곱의 장례는 역사에 기록으로 남았다.

그리고 그 뒤 세월이 흘러 출애굽한 이스라엘이 이 길과 비슷한 길을 따라 요단강에 이르고 요단강을 건너 가나안 땅을 점령하고 나라를 세워 하나님의 약속이 이루어 졌음을 우리에게 보여주시는 것이었다.

우리도 하나님의 약속을 믿고 따르면 분명히 영생의 나라에 이를 것을 확신 할 수 있다.

주님이 십자가상에서 우리의 구원을 위하여 죽으신 것은 허벅지 밑에 손을 넣고 맹세하는 맹세보다도 더 진실한 것이며, 마음으로 주님을 섬기고, 주의 나라를 사모하면 하나님께서 이 아름다운 하나님의 평화의 나라를 우리에게 주실 것이다.

- 2017. 12. 12 -

천만인의 어머니
리브가

리브가에게 축복하여 이르되 우리 누이여 너는 천만인의 어머니가 될지어다 네 씨로 그 원수의 성 문을 얻게 할지어다.

[창 24:60]

아브라함은 이삭의 배필을 찾으려 그의 종을 하란으로 보내면서 허벅지 밑에 손을 넣게 하고 맹세시킨다. 절대로 내 아들은 하란으로 데려가지 말라. 신부가 오기를 거절하면 그냥 돌아오라는 것이다.

아브라함의 신실한 늙은 종은 하란으로 출발하고, 드디어 목적지에 도착한다. 종은 우물가에서 하나님께 기도했다.

기도가 끝나자마자 리브가가 물을 길으러 우물에 왔다. 리브가는 건강하고 부지런한 여인이었다. 그녀는 우물로 내려가서 물동이에 물을 채워 올라온다. 아브라함의 종이 그녀에게 물을 좀 달라고 했을 때, 그녀는 힘들게 길어 올린 물을 내놓았을 뿐 아니라, 종이 타고 온 낙타에게까지 물을 길러 먹였다. 종이 기도한대로 하나님께서 보여주신 확실한 증거였다. 아브라함의 종은 이미 마음에 확신하고 있었다.

이 여인이 이삭의 신부다!

아브라함의 종은 낙타에게 물을 다 먹인 리브가에게 '아버지는 누구인가 집에는 우리가 유숙할 방이 있는가'를 물었다. 그리고 가져온 패물에서 반 세겔 무게의 금 코걸이 한 개와 열 세겔 무게의 금 손목 고리 한 쌍을 그녀에게 준다. 물론 자신의 신분을 소개했을 것이다.

리브가는 달려갔고, 오라버니 라반은 달려 나온다. 가나안 땅으로 하나님의 인도를 따라 이주한 아브라함의 집에서 사람이 온 것이다. 이 얼마나 기다려지던 손님인가 여장을 풀고 아브라함의 종은 아브라함이 자기를 보낸 연유를 설명한다. 그리고 그가 하나님께 어떻게 기도했으며, 그때 리브가가 어떻게 기도한 그대로 행동했음을 설명하고, 리브가가 하나님이 정하신 이삭의 아내가 될 사람임을 말했다.

하나님을 의지하고 그 분께 의뢰하면 이처럼 순풍에 돛달 듯 잘 풀리는 일이 있다. 하나님이 원하시는 일이기 때문이다.

아브라함의 종은 말했다. 이제 당신들이 인자함과 진실함으로 내 주인을 대접하려거든 내게 알게 해 주시고, 그렇지 아니할지라도 내게 알게 해 주셔서, 우로든지 좌로든지 행하게 하기를 요청하였다. 성경 창세기는 이렇게 말한다.

'라반과 브두엘이 이 일이 여호와께로 말미암았으니 우리는 가부(可否)를 말할 수 없다. 리브가가 당신 앞에 있으니 데리고 가서 여호와의 명령대로 그를 당신 주인의 아들의 아내가 되게 하라(창24:49~51).'

이렇게 리브가는 이삭의 신부로 결정되었다.

다음날 아침 아브라함의 종은 출발을 결심한다. 사실 며칠쯤 쉬어서 피곤을 풀고 리브가에게도 시간을 주는 것이 당연하여 보이는데 그는 그의 사명, 곧 이삭의 신부를 빨리 이삭에게 인도하는 일이 한 시가 급한 사명임을 알고 있었다. 결국 가족들도 출발에 동의하고 리브가를 축복했다.

가족들은 하나님이 아브라함을 가나안 땅으로 부르실 때에 '내가 너로 큰 민족을 이루고 네게 복을 주어 네 이름을 창대하게 하리니 너는 복이 될지라(창12:1).' 라고 하신 하나님의 부르심을 잘 안다.

그들은 리브가에게 축복하여 이르되, '우리 누이여 너는 천만 인의 어머니가 될지어다. 네 씨로 그 원수의 성문을 얻게 할지어다(창24:60).' 라고 축복을 한다.

리브가의 결혼은 하나님이 계획하신 구속사의 연장선상에서 이루어지고 있었다. 그녀에게는 이삭의 자녀를 낳아 장자를 잘 세워 하나님의 구속사의 역사에 기여하는 중차대한 사명이 주어진 것이다.

그들이 그 누이 리브가와, 그의 유모와 아브라함의 종과 그 동행자들을 보내니, 아브라함의 종이 리브가를 데리고 간다.

드디어 가나안 땅에 도착하여 이삭을 만나고, 이삭은 리브가를 인도하여 그의 어머니 사라의 장막으로 들여, 그를 맞아 아내로 삼고 사랑하였으니, 이삭이 그의 어머니를 장례한 후에 위로를 얻게 되었다.

리브가는 결혼하여 이십년 만에 쌍둥이 아들 에서와 야곱을 낳았고, 차자(次子)인 야곱을 장자(長子)로 세우는 일을 시행하고, 야곱의 열두 아들은 이스라엘 족속의 뿌리가 되었으니, 그녀 리브가는 이스라엘 천만 인의 어머니가 된 것이었다.

그리고 훗날 다윗의 후손으로 예수님께서 탄생하셔서 십

자가의 보혈로 사단을 결박하시고(계20:2), 부활하시어 그 원수의 성문을 얻으셨고, 승천하셔서 하나님의 우편에 앉으셨다.

— 2018. 4. 3 —

이삭의 기도

내가 즐기는 별미를 만들어 내게로 가져와서 먹게 하여 내가 죽기 전에 내 마음껏 네게 축복하게 하라.

[창27:4]

족장 중에서 이삭은 순종의 사람이었고, 부모를 거스른다는 것은 상상할 수도 없는 삶이었다. 이삭은 하나님께 번제를 드리려는 그의 아버지 아브라함을 따라 3일에 걸쳐 모리아 산까지 갔으나, 번제할 양을 준비하지 않은 아버지를 보고, '아버지여 번제할 나무와 불은 준비되었는데 번제할 어린 양은 어디 있습니까' 라고 질문한다. 이삭의 질문에 대하여 아버지 아브라함은 '하나님이 자기를 위하여 친히 준비하시리라.' 라고 대답하였다.

이삭은 하나님께서 양을 친히 준비해 주시도록 기도하라는 의미 정도로 받아드렸을 것이고, 따라서 번제할 양을 주시도록 기도했을 것이다(창22:1~19).

이삭은 기도하면서 산 정상에 도착하였으나, 번제할 양은 어디에도 없었다. 대신에 아버지의 손에 결박되어 자신이 번제할 어린 양이 되어 제단 위에 놓인다. 이삭은 자기의 생명을 멸(滅)하려는 아버지를 믿으며, 반항하지 않고 아버지의 하는 대로 따랐다. 지금까지 어떤 일을 하든지 흠이 없었던 아버지의 행동이 옳다는 믿음이 이삭을 번제단에 누워있게 했을 것이다.

이삭을 바치려는 아브라함이나, 그의 아들 이삭의 믿음은 동일했다. 이 부자(父子)의 순종하는 믿음을 보시고 하나님은 구원을 베푸시고, 그의 기도대로 준비하여 둔 양을 보여주셔서 번제를 드릴 수가 있었다.

그는 결혼을 위하여 묵상(기도)하면서 그의 아내 리브가를 만나며, 20년 만에 기도의 응답으로 쌍둥이 아들 에서와 야곱을 얻는다.

이삭은 흉년이 들어도 하나님의 뜻대로 그곳에 머물며 순종했고, 여러 개의 우물을 파서 경작하여 하나님이 주신 복으로 거부(巨富)가 되기도 하였다. 여기까지 이삭은 기도하는 대로 되었고, 그의 기도는 곧 응답이 이루어지는 하나님의 뜻에 합당한 기도였다.

그러나 이삭에게도 세월은 흘러, 눈은 어둡고 기력은 쇠하고 판단은 흐려지며, 기운이 진(盡)해지게 되었다. 머잖아 저 세상으로 갈 때가 되었다고 판단한 이삭은 족속을 이끌고 하나님의 인도를 받아 천만 인의 어버이가 될 장자(長子)를 세우는 일이 남아 있음을 깨닫게 된다.

이삭은 그가 사랑하는 에서를 장자로 세우려는 마음으로, 에서에게 사냥하여 맛있는 요리를 만들어 오면 먹고 마음껏 축복하겠다고 말하였다. 그 말을 들은 에서는 즉시 사냥을 하기 위해 떠났다.

과연 이런 식으로 민족을 이끌 장자가 세워져야 하는 것일까?

그의 아내 리브가는 복중(腹中)의 쌍둥이 두 아이를 두고 하나님께 기도했을 때, 하나님은 분명히 형이 동생을 섬길 것이라고 말씀하신 사실을 기억하고 있었다. 하나님은 리브가에게 야곱을 장자로 세우겠다고 하신 것이다. 리브가가 에서의 아내 헷 사람의 딸들로 말미암아 자신의 삶이 싫어졌다고 표현하는 것을 보면, 리브가는 에서를 장자로 세울 의향이 없었다(창27:46).

리브가는 모든 책임을 지고 야곱이 축복을 받도록 계획을 꾸민다. 남편 이삭을 속이기 위하여 염소새끼 가죽으로 야곱의 양팔과 목을 덮으며, 에서의 옷을 입힌다. 그리고 야곱에게 에서의 행세를 하도록 하여 에서에게 주려는 축복을 가로채는 일에 드디어 성공한다(창27장).

그러나 성공은 곧 들통 나고, 이삭은 불효막심한 사건 앞에서 망연자실한 분노의 모습을 보인다. 이삭으로서는 전혀 상상할 수 없는 방법이었다. 축복 가로채기가 있게 된 것은 그 만큼 아버지 이삭의 축복이 곧 그대로 이루어진다는 사실을 알기 때문에 장자의 복을 받기 위해 일으킨 사건이었다.

이제 이삭의 가정은 산산조각 직전이다. 이대로 두면 두 아들이 다 망할 것이며, 축복은 저주가 되고 사탄이 가장 기뻐할 일이 다가온 것이다.

이삭은 이 희대의 사기사건 앞에서 리브가의 조언을 받아들이고, 야곱이 장자의 명분을 이어받을 자임을 인정하고, 야곱을 불러 다시 정식으로 장자의 축복을 해 주고, 밧담아람으로 보낸다(창28:1~5).

이삭의 이 마음을 우리는 어떻게 보아야 할 것인가 자기의 실수를 인정하고 하나님의 뜻을 바로 수용하며 야곱을 축복할 수 있는 의연함이 순종의 사람 이삭이었기에 가능했을 것이다. 보통사람 같으면 자기의 실수는 생각지 아니하고, '이런 수치스러운 일을 내가 당해야 하느냐'며 모두 다 박살낼 수도 있다. 이보다 더 미미한 사건들 앞에서도 가정이 파멸되고, 공동체가 깨어지는 가정과 교회들을 우리는 흔히 보아오지 않았던가?

우리는 가정과 직장, 교회 등을 통하여 아픔을 만난다. 우리는 연약한 인간이기에 인생길에서 피해갈 수 없다. 따라서 이 아픔을 어떻게 다스려야 하는가의 지혜로운 판단이 회복과 파멸의 갈림길이요, 열쇠가 된다.

하나님의 뜻을 발견하고 따르면 회복될 것이며, 무시하고 고집대로 행하면 파멸이 찾아올 것이다. 따라서 하나님의 뜻을 알기 위해 끊임없이 기도해야 한다.

하나님께서 인도하시는 대로 따라가는 삶이 복이다. 이삭처럼 잘못을 곧 인정하고 바른 선택을 하게 될 때, 아픔은 남지만 결국은 받은 복을 간증하게 될 것이다.

– 2012. 11. 5 –

이삭의
족보(族譜)

    아브라함의 아들 이삭의 족보는 이러하니라 아브라함이 이삭을 낳았고 이삭은 사십 세에 리브가를 맞이하여 아내를 삼았으니 리브가는 밧단 아람의 아람 족속 중 브두엘의 딸이요 아람 족속 중 라반의 누이였더라.

    이삭이 그의 아내가 임신하지 못하므로 그를 위하여 여호와께 간구하매 여호와께서 그의 간구를 들으셨으므로 그의 아내 리브가가 임신하였더니 그 아들들이 그의 태속에서 서로 싸우는지라 그가 이르되 이럴 경우에는 내가 어찌할꼬 하고 가서 여호와께 묻자온대 여호와께서 그에게 이르시되 두 국민이 네 태중에 있구나 두 민족이 네 복중에서부터 나누이리라 이 족속이 저 족속보다 강하겠고 큰 자가 어린 자를 섬기리라 하셨더라.   **[창25:19~23]**

이삭의 족보는 누구로 이어지는가 창세기에는 이렇게 씌어 있다. 이 본문이 이삭 족보의 서론이다. 그리고 이대로 진행되는 모든 과정이 본론으로 기록되어 있다.

결국 차자(次子) 야곱이 장자(長子)가 되어 가는 과정과, 이 사이에서 생기는 부모들의 고민, 형제간의 갈등, 그리고 하나님이 원하신 장자를 하나님이 어떻게 인도하시는가를 기록하고, 하나님이 어머니 리브가에게 말씀하신 것이 하나님의 뜻이었음을 야곱은 입증하여 기록하고 있는 것이다.

야곱은 장자의 명분을 얻기 위하여 기회를 포착한다. 어머니의 말씀을 생각하면서 팥죽 한 그릇으로 장자의 명분을 샀다. 쌍둥이 형제는 먹고 마시면서 즐거웠으나, 훗날 에서는 두고두고 후회하는 것을 볼 수 있다.

이삭은 노년에도 리브가의 임신중 기도의 응답을 인정치 아니하고 에서에게 장자의 축복을 제안하면서 사냥을 보낸다. 그러나 리브가는 하나님의 뜻은 야곱이 장자가 되어 이 족보를 보전하며 족속을 이끌 것을 믿고, 야곱을 에서로 변장시켜 이삭의 축복을 가로채게 한다.

과연 축복을 가로채는 데는 성공하였다. 그러나 그 결과는 참담하였다. 이 사실을 안 이삭은 심히 떨었고, 에서는 통곡하였다.

리브가는 이삭을 설득한다. 에서의 이방 여인 아내들로 인하여 자기 삶이 싫어졌고, 자신에게 말씀하셨던 하나님의 뜻은 야곱을 장자로 세우라 하심을 상기시키면서, 야곱의 축복을 정식으로 다시 받게 하고 야곱을 밧담아람으로 보내기를 강청한다.

이삭은 비로소 야곱을 불러 정식으로 장자로 축복하고 외삼촌의 집으로 보내어 외삼촌의 딸 중에서 아내를 맞도록 했다.

야곱은 여행 중 루스에서 꿈에 하나님을 만나며, '내가 너와 함께 있어 네가 어디로 가든지 너를 지키며 너를 이끌어 이 땅으로 돌아오게 할지라. 내가 네게 허락한 것을 다 이루기까지 너를 떠나지 아니하리라(창28:15)' 는 약속을 듣는다. 야곱은 아침에 일찍이 일어나 베개로 삼았던 돌을 가져다가 기둥으로 세우고 그 위에 기름을 붓는 제사를 드리고, 그 곳 이름을 벧엘이라고 하였다.

드디어 야곱이 길을 떠나 동방 사람의 땅에 이르러 라반의 집에 이르고 거기서 레아와 라헬과 결혼하게 되며 실바, 빌하를 합하여 네 명의 부인을 통해서 아들 11명과 딸 디나를 낳는다.

20년 후, 야곱은 하나님의 인도로 라반의 집을 떠나 아버지의 집으로 귀향길에 오르는데, 에서는 400명을 이끌고 야곱을 만나러 온다. 야곱은 형에게 보내는 예물을 앞서 보내고, 모두 얍복 나루를 건너가고, 야곱만 홀로 남는다. 그런데 어떤 사람이 나타나 날이 새도록 야곱과 씨름하는데 자기가 야곱을 이기지 못함을 보고 그가 야곱의 허벅지 관절을 치매 야곱의 허벅지 관절이 어긋나게 되었다(창32:25).

이후 야곱은 하나님이 주신 이 선물로 평생 다리를 절면서 걷게 되었고, 그의 이름이 이스라엘이라 불러졌다.

야곱은 하나님의 은혜로 에서와 만나 눈물로 화해하고, 에서는 세일로 가고 야곱은 숙곳에 집을 짓고 우릿간을 짓고 그 땅 이름을 숙곳이라 불렀다(창33:17) 그리고 몇 년 후 디나 사건으로 처참해진 세겜을 떠나면서 모든 우상을 상수리나무 아래에 묻고 하나님만 바라며 벧엘로 올라가서 제단을 쌓는다. 그들은 벧엘을 출발하여 에브랏에 이르러 거기서 라헬이 베냐민을 출산하여 야곱에게는 열두 아들이 되었으나, 라헬은 그곳에서 별세(別世)한다.

이스라엘은 드디어 헤브론 아버지 집에 도착하여 아버지의 유업을 이어 받고 장자로서 족보를 보전하며, 아버지 이삭이 180세에 별세하자 야곱과 에서가 이삭의 장례를 치른다. 그리고 야곱의 이름이 이스라엘이 되어 이후 열두 아들 족속이 이스라엘로 불려지는 장자의 명분을 인정받게 되었다.

야곱, 그는 이스라엘 민족의 어버이가 된 것이며, 이후 역사는 이스라엘이 나라의 이름으로 불려지게 되었다. 야곱은 소명 의식을 가지고 살았고 하나님의 뜻대로 장자의 명분을 이어 받아 이스라엘이 된 것이었다.

우리도 하나님이 주신 사명인 복음을 전하는 일에 충성할 때 하늘의 복이 임할 것이며, 이 일을 위하여 모든 역량을 다할 때에 하나님은 칭찬하실 것이며 영원한 그 나라를 상속으로 주실 것이다.

- 2017. 3. 21 -

라헬과 드라빔

그 때에 라반이 양털을 깎으러 갔으므로 라헬은 그의 아버지의

드라빔을 도둑질하고.   [창 31:19]

야곱은 장인(丈人) 라반의 집에서 하나님의 음성을 듣는
다. '나는 벧엘의 하나님이라, 네가 거기서 기둥에 기름을 붓
고 거기서 내게 서원하였으니 지금 일어나 이곳을 떠나서 네
출생지로 돌아가라(창31;13).'

야곱은 하나님의 말씀대로 아내들을 설득하여 20년 동안
일하던 외삼촌의 집을 몰래 떠난다.

바로 그때 라헬이 그의 아버지의 가신(家神) 드라빔을 도
둑질하여 아무도 모르게 숨긴다. 그때 라헬의 장막에는 늦게
얻은 아들 요셉이 있고, 어린 요셉은 이 모든 일의 목격자(目
擊者)가 되었을 것이다.

라반은 야곱을 7일 동안이나 추격하여 길르앗 산에서 야

곱을 만나며, '네가 네 아버지 집을 사모하여 돌아가려는 것은 옳거니와 어찌하여 내 신(드라빔)을 도둑질하였느냐' 질책한다. 야곱은 라반에게 '외삼촌의 신(神)을 누구에게서 찾든지 그는 살지 못할 것이라'고 맹세하니, 야곱은 라헬이 그것을 도둑질한 줄을 알지 못했기 때문이라고, 창세기 기록자는 말했다.

라반은 가장 의심스러운 야곱과 레아와 두 여종(실바, 빌하)의 장막에서 드라빔을 찾지 못한다. 라헬의 장막으로 들어간 라반은 낙타를 타고 있는 사랑스러운 딸을 본다. 라헬이 드라빔을 가져 낙타 안장 아래에 넣고 그 위에 앉아서 그의 아버지에게, '마침 생리(生理)가 있어 일어나서 영접할 수 없사오니 내 주는 노하지 마소서(창31:35).'라고 아버지를 속인다. 결국 드라빔은 발견되지 않고 라헬의 품속에 감춰지게 되었다.

라헬은 항상 생각했을 것이다.

'내 아들 요셉을 어떻게 하면 열 명의 형들 위에 장자가 되게 할 수 있을까 하나님의 인도와 도우심으로만 장자가 될 수 있을까 아니면 요셉을 돕는 친정집 가신(家神) 드라빔이라도 하나 더 있어야 되지 않을까'

그녀의 마음에는 이와 같은 어리석은 마음이 있었을 것이다. 그래서 요셉의 어머니 라헬은 아들 요셉을 위하여 이 드라빔을 훔쳤을 것이며, 이 사실은 철저히 숨겨진다.

그러면 이 드라빔은 언제 처리되었는가?

라반에게서 나온 야곱은 에서와 화해하고, 숙곳에 이르러 땅을 사서 우릿간을 짓고 머물렀다. 그런데 레아가 낳은 딸 디나가 히위 족속 하몰의 아들, 그 땅의 추장 세겜에게 강간을 당하고 청혼을 받았으나, 할례 받지 아니한 자에게 디나를 줄 수 없다는 말로 그들을 속여 할례를 받게 한다. 그들이 할례를 받은 3일째 고통 중에 있을 때 레위와 시몬이 주동이 되어 히위 족속들을 죽이고 약탈한 사건이 터진다(창 34:1~29).

이 사건으로 야곱은 '나는 수가 적은즉 그들이 모여 나를 치고 나를 죽이리니 그러면 나와 내 집이 멸망하리라' 면서 두려움 가운데 있을 때, 하나님이 이르시되 '일어나 벧엘로 올라가서 거기 거주하며 네가 네 형 에서의 낯을 피하여 도망하던 때에 네게 나타났던 하나님께 거기서 제단을 쌓으라' 명하셨다.

야곱이 이에 자기 집안사람과 자기와 함께 한 모든 자들에게 '너희 중에 있는 이방 신상들을 버리고 자신을 정결하게 하고 너희들의 의복을 바꾸어 입으라. 우리가 일어나 벧엘로 올라가자. 내 환난 날에 내게 응답하시며 내가 가는 길에서 나와 함께 하신 하나님께 내가 거기서 제단을 쌓으려 하노라' 선포하였다(창35:1~3). '그리고 그 사건에 대하여 창세기는 이렇게 말한다.

'그들이 자기 손에 있는 모든 이방 신상들과 자기 귀에 있는 귀고리들을 야곱에게 주는지라. 야곱이 그것들을 세겜 근처 상수리나무 아래에 묻고 그들이 떠났으나 하나님이 그 사면 고을들로 크게 두려워하게 하셨으므로 야곱의 아들들을 추격하는 자가 없었더라(창35:4~5).'

'세겜 근처 상수리나무 아래', 드라빔이 묻힌 장소이다. 라헬과 요셉만이 알고 있었던 도둑질한 드라빔도 함께 묻었을 것이다.

'외삼촌의 신을 누구에게서 찾든 그는 살지 못할 것이요(창31:32).' 요셉은 이 드라빔 도둑질에 대한 아버지의 맹세가 항상 귀에 맴돌았을 것이다. 그리고 '어머니가 화를 당하지 않을까' 하는 두려움 속에서 지냈을 것이다. 그는 항상 이 사실이 어떻게 귀결될지 궁금했을 것이다. 그리고 어머니 라헬의 죽음으로 결말지어지는 것을 보았다. 벧엘에서 길을 떠나

베들레헴에 거의 도착하여 에브랏에서(창35:15) 라헬이 베냐민을 출산하다가 고통 속에서 산고(産苦)로 인해 죽게 된 것이다.

요셉은 드라빔을 도둑질한 사람에 대한 족장 아버지의 맹세가 여기에서 이루어짐을 보고 큰 교훈을 얻었을 것이다. 그토록 아버지의 사랑을 받던 어머니지만 우상을 가지면 하나님께서 미워하신다는 것이다. 우상을 버리고 하나님만 의지하여야 하며, 정직하지 아니하면 안 된다는 교훈이었다. 요셉은 평생 하나님 앞에서, 하나님만 의지하면서, 정직하게 살 것을 어머니를 떠나보내면서 결심했을 것이다.

라헬의 드라빔 도둑질 사건을 좀더 분석해 보자.
언제 누가 그 일을 보았기에 창세기에 기록되었을까 따라서 창세기의 기록자가 그 사건의 목격자인 것이다. 6살의 요셉은 어머니의 방에서 살았을 것이다. 어머니와 요셉은 한 사람처럼 같이 있었을 것이다. 요셉 그는 목격자이고 이 사건을 기억한 그는 창세기를 쓸 때 이 사실을 기록했을 것이다. 왜 이토록 유쾌하지도 않은 도둑질 이야기를 후손들에게 굳이 남기려 했을까 후손들에게 교훈을 주기 위해 기록하였다고 볼 수 있다.

어머니 라헬과 목격자 요셉이 발설하지 아니하고는 알려질 수 없는 이 사건은 결국 아들 요셉이 목격자였고, 드라빔 사건을 족보에 기록한 저자이며, 드라빔 사건 이후 사랑하는 어머니는 일찍 저 세상으로 가셨다. 이제 드라빔도 없고, 어머니도 없다. 이제 요셉은 오직 하나님만 의지하고 하나님께만 의탁하지 않으면 안 된다. 그래서 그는 하나님만 의지하였고, 애굽의 총리가 되었고, 자기 민족을 구원한 족장이 될 수 있었다.

오늘날에도 우리 안에 있는 드라빔을 버리고, 오직 하나님만 의지하고 그분의 인도를 따라가면, 저 천국에 이를 수 있을 뿐 아니라, 이 땅에서도 넉넉하게 승리할 수 있을 것이다.

- 2012. 5. 5 -

에돔왕국 시대

이스라엘 자손을 다스리는 왕이 있기 전에 에돔 땅을 다스리던
왕들은 이러하니라.   [창 36:31]

창세기 36장에는 에돔 왕국의 왕들의 계보(系譜)가 소개되고 있다. 에돔은 일반 왕국과 다르게 특이한 점이 발견되는데, 특별한 목적으로 세워진 연합체 국가로 생각된다.

그 시대의 왕국은 반드시 혈통을 따라 왕이 세워지고, 혈통이 지워지면 다른 이름의 나라로 왕국 이름이 불러진 시대였는데, 에돔의 왕들이 혈통을 따라 세워진 것이 아니라, 지역 안배에 따라 각 지역에서 차기의 왕들이 세워졌다.

에돔은 유브라데 강변에서부터 세일산 지역까지를 모두 포함하는 광대한 가나안 동쪽 전 지역을 아우르고 있었다. 그리고 각 왕의 왕국은 따로 존재하면서, 에돔이라는 연합체(聯合體)를 이룬 것으로 보인다.

창세기 36장 31~39절에는 '이스라엘 자손을 다스리는 왕이 있기 전에 에돔 땅을 다스리던 왕들은 이러하니라. 브올의 아들 벨라가 에돔의 왕이 되었으니 그 도성의 이름은 딘하바며, 벨라가 죽고 보스라 사람 세라의 아들 요밥이 그를 대신하여 왕이 되었고, 요밥이 죽고 데만 족속의 땅의 후삼이 그를 대신하여 왕이 되었고, 후삼이 죽고 브닷의 아들 곧 모압 들에서 미디안 족속을 친 하닷이 그를 대신하여 왕이 되었으니 그 도성 이름은 아윗이며, 하닷이 죽고 마스레가의 삼라가 그를 대신하여 왕이 되었고, 삼라가 죽고 유브라데 강변 르호봇의 사울이 그를 대신하여 왕이 되었고, 사울이 죽고 악볼의 아들 바알하난이 그를 대신하여 왕이 되었고, 악볼의 아들 바알하난이 죽고 하달(하닷)이 그를 대신하여 왕이 되었으니 그 도성 이름은 바우며 그의 아내의 이름은 므헤다벨이니 마드렛의 딸이요 메사합의 손녀더라.' 하고 끝을 맺는다.

이 본문을 보면서 그러면 왜 이런 형태의 국가가 필요했을까 하는 생각이 든다.

창세기 14장에는 고대 메소포타미아와 에돔 전쟁사가 기록되어 있다. 본문을 보면, '당시에 시날 왕 아므라벨과 엘라살 왕 아리옥과 엘람 왕 그돌라오멜과 고임 왕 디달이, 소돔

왕 베라와 고모라 왕 비르사와 아드마 왕 시납과 스보임 왕 세메벨과 벨라 곧 소알 왕과 싸우니라. 이들이 다 싯딤 골짜기 곧 지금의 염해에 모였더라.

이들이 십이 년 동안 그돌라오멜을 섬기다가 제 십삼 년에 배반한지라. 제 십사 년에 그돌라오멜과 그와 함께 한 왕들이 나와서 아스드롯 가르나임에서 르바 족속을, 함에서 수스 족속을, 사웨 기랴다임에서 엠 족속을 치고, 호리 족속을 그 산 세일에서 쳐서 광야 근방 엘바란까지 이르렀으며, 그들이 돌이켜 엔미스밧 곧 가데스에 이르러 아말렉 족속의 온 땅과 하사손다말에 사는 아모리 족속을 친지라, 소돔 왕과 고모라 왕과 아드마 왕과 스보임 왕과 벨라 곧 소알 왕이 나와서 싯딤 골짜기에서 그들과 전쟁을 위하여 진을 쳤더니, 엘람 왕 그돌라오멜과 고임 왕 디달과 시날 왕 아므라벨과 엘라살 왕 아리옥 네 왕이 곧 그 다섯 왕과 맞서니라.

싯딤 골짜기에는 역청 구덩이가 많은지라 소돔 왕과 고모라 왕이 달아날 때에 그들이 거기 빠지고 그 나머지는 산으로 도망하매, 네 왕이 소돔과 고모라의 모든 재물과 양식을 빼앗아 가고, 소돔에 거주하는 아브람의 조카 롯도 사로잡고 그 재물까지 노략하여 갔더라(창 14:1–12)' 라고 되어 있다.

그러면 이 전쟁의 시기는 대략 언제였을까 창세기를 읽어 가면 이 전쟁은 아브람의 첩 하갈이 이스마엘을 출산하기 이전의 사건으로 기록되고 있다. 아브람이 86세에 이스마엘을 낳았으니 이 전쟁은 아브람이 하란에서 가나안으로 이주한 이후 10여 년 사이에 터진 전쟁이다. 이 전쟁사에서 엘람왕 그들라오멜을 에돔의 왕들이 12년 동안 섬기다가 13년에 배반하고 이 배반의 보복으로 14년에 전쟁이 터진다.

그러면 가나안 동편의 연합국가(聯合國家) 에돔은 언제 탄생했을까 아마 13년에 배반할 때 배반의 주체 세력이 필요했고, 이 전쟁의 준비를 위하여 에돔의 초대왕으로 벨라, 곧 소알왕을 임명하고 세워진 연합국가로 보이고, 14년에 전쟁을 치르지만 참패한 기록을 본다.

이 에돔은 계속 메소포타미아의 세력을 견제하기 위하여 필요했던 연합국가였을 것이다.

그 시대에도 오늘날 유엔이나, G20, EU처럼 필요에 의해서 국가연합체의 조직이 결성될 수 있었고, 각 지역의 대표를 순번에 따라 에돔왕으로 세워 각 나라의 지원을 얻어 에돔이 존속했을 것이다.

이 나라의 이름이 에돔이라고 헤서 에서의 후손이 세운 에돔 왕국은 결코 아니다. 에돔(에서)의 아버지 이삭이 아직 태어나지도 않았기 때문이다. 그러므로 창세기에 나오는 에돔 왕국에 대한 창세기 36장 31-39절의 역사는 아브람 때 시작되어 200여년이 지난 후 마지막 족장 요셉 시대와 동시대인 에돔의 마지막 왕 하달(하닷)이 기록된 기록으로 생각할 수 있다.

(연합국가 에돔의 마지막 왕 하달(하닷)도 죽는다(대상1:51). 그리고 그를 이어 왕이 선출되지 않고, 에서의 후손들이 에돔으로 불리는 현상을 본다.)

하나님은 에서의 후손에게는 세일산(신2:1~5)을 중심으로 한 그 지역을 기업으로 주셨으며, 동부 에돔 전 지역을 주신 기록이 없다. 따라서 에돔 연합국가는 에서의 후손과 관계가 멀어 보인다. 이 연합국가 에돔도 하달(하닷)이 죽은 이후 해체되고, 역사는 흘러 다만 후에 에서의 후손들이 세일산을 중심으로 새로운 에돔 왕국을 건설하였고, 훗날 모세 시대에 이스라엘의 출애굽에서 이스라엘의 통과를 가로막은 왕은 후에 세워진 에돔왕국의 왕이 아닐까 생각된다.

- 2012. 9. 17 -

요셉이 형들에게 이르되 내게로 가까이 오소서 그들이 가까이 가니 이르되 나는
당신들의 아우 요셉이니 당신들이 애굽에 판 자라 당신들이 나를 이 곳에 팔았다
고 해서 근심하지 마소서 한탄하지 마소서 하나님이 생명을 구원하시려고 나를
당신들보다 먼저 보내셨나이다(창45:4-5)

5

요셉

야곱의 족보

야곱의 족보는 이러하니라 요셉이 십칠 세의 소년으로서 그의
형들과 함께 양을 칠 때에 그의 아버지의 아내들 빌하와 실바의 아
들들과 더불어 함께 있었더니 그가 그들의 잘못을 아버지에게 말
하더라.   [창 37:2]

창세기 37장부터는 요셉이 어떻게 족장의 삶을 살아가는
지에 대하여 기록하고 있다. 이스라엘은 열두 아들 중 요셉
을 특별히 사랑하였는데, 그런 가운데서 요셉은 형들에게 미
움 살만한 일만 했다. 빌하와 실바의 아들들과 함께 있었을
때 요셉은 그들의 잘못을 고자질 하였고(창37:2), 꿈을 꾸고
서 형들이 자기에게 절할 것이라고 말하는 등 요셉이 받는
미움은 점점 커져갔다.

그러나 큰 틀에서 본다면 그 미움은 결국 야곱의 가족을
구원으로 인도하시는 하나님의 계획으로 쓰이고 있음을 성

경은 말한다.

  (1) 요셉의 고난

  요셉은 십칠 세 때 아버지의 심부름을 하기 위해 헤브론에서 형들이 있는 세겜을 향하여 출발하였고, 세겜을 거쳐 형들이 머무는 도단(창37:17)까지 먼 길을 찾아 간다. 그러나 형들은 요셉을 미워하여 죽이려 했고, 결국 채색 옷을 벗기고 구덩이에 던져버렸다가, 유다의 제안으로 애굽으로 내려가는 미디안 상인들에게 은 이십에 팔아버린다. 아버지의 사랑을 받던 요셉은 졸지에 종의 신세로 전락하고 만다. 여기서부터 요셉의 고난은 시작되고, 그는 하나님만 의지하고 살아갈 수밖에 없게 되었다.

  요셉은 애굽에서 바로의 신하 친위대장 보디발에게 팔려진다. 그렇지만 여호와께서 요셉과 함께 하시므로 그가 하는 모든 일이 형통하니 주인은 요셉을 가정 총무로 삼고 모든 일을 요셉에게 위탁하게 된다. 요셉은 용모가 빼어나고 아름다웠다(창39:6).

  주인의 아내는 요셉에게 눈짓하며 동침하기를 청한다. 그러나 요셉은 '이 집에는 나보다 큰 이가 없으며, 주인이 아무

것도 내게 금하지 아니하였어도 금한 것은 당신뿐이니, 그런즉 내가 어찌 이 큰 악을 행하여 하나님께 죄를 지으리이까(창39:8-9)' 하며 범죄하지 않는다.

여인이 날마다 요셉을 유혹하던 어느 날, 여인은 아무도 없는 곳에서 요셉의 옷을 붙잡고 함께 동침하자고 간절히 유혹했지만, 요셉은 자기 옷을 그 여인의 손에 버려두고 밖으로 뛰쳐나가는 용단을 보였다.

결국 여인의 애정은 증오로 변하여, 남편에게 '당신이 우리에게 데려온 히브리 종이 나를 희롱하려고 내게로 들어왔으므로 내가 소리 질러 불렀더니 그가 그의 옷을 내게 버려두고 밖으로 도망하여 나갔다.' 고 요셉을 모함하여 거짓 고발을 하였다. 요셉의 주인은 심히 노하여 요셉을 잡아 왕의 죄수를 가두는 옥에 가두었다. 비록 생명은 건졌지만, 이제 종의 신분에서 죄수의 신분이 되고 말았다. 의롭게 살려는 것이 더 큰 고난이 된 것이다.

요셉은 옥에 갇혔으나 간수장은 옥중 죄수들을 요셉의 손에 맡겨 제반 사무를 처리하게 하였고, 여호와께서는 그의 범사를 형통하게 하셨다.

얼마 후 애굽왕의 두 관원장(官員長) 술 맡은 자와 떡 굽는 자가 같은 옥사(獄舍)에 갇히게 된다. 친위대장은 요셉에게 그들을 수종들게 하였고, 요셉은 그들을 섬기는 죄수가 된다.

그들이 갇힌 지 여러 날이 지나 두 사람이 각각 꿈을 꾸었고, 꿈은 그들에게 근심이 되었다. 요셉은 그들에게 꿈의 해석은 하나님께 있다고 권고한 뒤 두 사람의 꿈을 해석하는데, 술 맡은 관원장에게 '지금부터 사흘 안에 바로가 당신의 머리를 들고 당신의 전직(前職)을 회복시키리니 당신이 그 전에 술 맡은 자가 되었을 때에 하던 것 같이 바로의 잔을 그의 손에 드리게 될 것이라' 라고 하면서, '당신이 잘 되시거든 나를 생각하고 내게 은혜를 베풀어서 내 사정을 바로에게 아뢰어 이 집에서 나를 건져 주소서. 나는 히브리 땅에서 끌려온 자요 여기서도 옥에 갇힐 일은 행하지 아니 하였나이다' 라고 부탁했다.

사흘 후 바로의 술 맡은 관원장은 전직을 회복하였으며 그가 잔을 바로의 손에 받들어 드렸으나, 그는 요셉을 기억하지 못하고 잊어버린다.

그러나 이년 후, 바로가 의미심장한 꿈을 꾸게 된다. 하나님은 바로의 꿈을 요셉이 해석하도록 술 맡은 관원장을 미리 준비해두셨던 것이다. 그때 요셉을 잊었던 술 맡은 관원장은 지난 고난의 때를 회상하며 감옥에 있는 요셉을 바로에게 추

천한다. 요셉에게는 인생 반전(反轉)의 아주 중요한 선한 기
회가 온 것이었다.

하나님은 아브라함, 이삭, 야곱과 맺은 천대의 언약을 이
루시고자 특별한 꿈의 사람 요셉을 애굽에 앞서 보내시고 그
의 언약의 말씀이 이루어질 때까지 그 말씀으로 그를 강하게
단련 시키셨다(시105:7~22).

우리의 삶에도 이처럼 하나님이 마련하신 언약의 여정이
준비되어 있다. 인생의 여정에서 믿음의 정도(正道)를 따라가
면, 하나님께서는 바른 길을 가는 자에게 은혜를 베푸시고,
또 큰 일을 맡기신다. 이 꿈의 해몽으로 요셉은 단번에 애굽
의 총리가 된다. 지금 이 땅의 성도들도 하나님을 두려워하
는 사람들이 지도자가 되기를 간절히 바라고 기도하고 있고,
하나님께서는 행하실 것이다.

(2) 요셉 총리

요셉은 왕의 죄수를 가두는 감옥에서 불러내어져 수염을
(창41:14) 깎고, 꿈의 해석자로 바로의 왕궁으로 부름을 받는

다. 요셉은 바로 앞에 서서 '내가 아니라 하나님께서 바로에게 편안한 대답을 하시리라'고 하며 하나님을 높인다. 바로는 두 번 겹쳐 꾼 꿈을 요셉에게 설명한다. 요셉이 바로에게 즉시 '바로의 꿈은 하나라. 하나님이 그가 하실 일을 바로에게 보이심이라(창41:25)'고 꿈의 해석을 시작한다.

'일곱 좋은 암소는 일곱 해요 일곱 좋은 이삭도 일곱 해니 그 꿈은 하나라. 그 후에 올라온 파리하고 흉한 일곱 소는 칠 년이요 동풍에 말라 속이 빈 일곱 이삭도 일곱 해 흉년이니, 온 애굽 땅에 일곱 해 큰 풍년이 있겠고, 후에 일곱 해 흉년이 들므로 애굽 땅에 있던 풍년을 다 잊어버리게 되고 이 땅이 그 기근으로 망하리니, 후에 든 그 흉년이 너무 심하므로 이전 풍년을 이 땅에서 기억하지 못하게 됩니다. 바로께서 꿈을 두 번 겹쳐 꾸신 것은 하나님이 이 일을 정하셨음이라 하나님이 속히 행하시리니 이제 바로께서는 명철하고 지혜 있는 사람을 택하여 애굽 땅을 다스리게 하시고, 나라 안에 감독관들을 두어 그 일곱 해 풍년에 애굽 땅의 오분의 일을 거두되, 그들로 장차 올 풍년의 모든 곡물을 거두고 그 곡물을 바로의 손에 돌려 양식을 위하여 각 성읍에 쌓아 두게 하소서. 이와 같이 그 곡물을 이 땅에 저장하여 애굽 땅에 임할 일곱 해 흉년에 대비하시면 땅이 이 흉년으로 말미암아 망하지 아니하리이다(창41:26~36).

요셉은 꿈의 해석과 함께 대처 방안을 명쾌하게 제시하였다. 바로는 그의 신하들에게 '이와 같이 하나님의 영(靈)에 감동된 사람을 우리가 어찌 찾을 수 있으리요' 하고, '하나님이 이 모든 것을 네게 보이셨으니 너와 같이 명철하고 지혜 있는 자가 없도다. 너는 내 집을 다스리라. 내가 너를 애굽 온 땅의 총리가 되게 하노라' 하고, 자기의 인장 반지를 빼어 요셉의 손에 끼우고 바로가 그에게 애굽 전국을 총리로 다스리게 하였다(창41:38~43). 하나님께서는 언약의 여정 속에서 연단 되는 경우 하나의 꿈만 가지고도 좋이요, 죄수였던 요셉을 전국총리로 만드셨던 분이다.

바로가 요셉의 이름을 사브낫바네아라 하고, 온의 제사장 보디베라의 딸 아스낫을 그에게 주어 아내로 삼게 하였다. 요셉이 애굽 왕 바로 앞에 설 때에 삼십 세였고 그가 바로 앞을 떠나 애굽 온 땅을 순찰하여 모든 곡식을 7년 동안 저장하는 일을 시작하였다.

요셉의 말과 같이 풍년이 지나고, 일곱 해 흉년이 들기 시작하였으며, 요셉은 창고를 열고 애굽 백성에게 곡식을 판다. 그는 곡식을 팔아 애굽 땅과 가나안 땅에 있는 돈을 모두 거두어들이고, 그 돈을 바로의 궁으로 가져갔다. 다음 해는 백성들의 모든 가축을 곡식으로 바꿔 주었다. 새해가 되매 아무것도 남지 아니하고 몸과 토지뿐이 되자, 백성들은 이제 우리 몸과 우리 토지를 먹을 것을 주고 사달라고 간청했다. 그래서 모든 것이 왕의 것이 되었다. 요셉은 백성에게 말한다.

'오늘 내가 바로를 위하여 너희 몸과 너희 토지를 샀다. 여기 종자가 있으니 너희는 그 땅에 뿌리라. 추수의 오분의 일을 바로에게 상납하고 오분의 사는 너희가 가져서 토지의 종자로도 삼고 너희의 양식으로도 삼고 너희 가족과 어린 아이의 양식으로도 삼으라(창47:13~24).'

기근이 온 세상에 심하게 되자, 주변의 백성들도 양식을 사기 위해 애굽으로 들어와 요셉에게 이른다. 그리고 요셉은 곡식을 사러온 사람들 가운데서 형들을 발견한다. 요셉은 여러 가지 시험을 통해 형들이 자기를 알아보도록 했지만, 형들은 눈치 채지 못했다. 그러나 자기를 팔아버릴 때의 형들이 아닌 변화된 형들 앞에 동생 요셉이 총리가 되었음을 형들에게 드러내고 상봉의 기쁨을 나누며, 바로왕의 배려로 그의 가족을 모두 애굽으로 오게 하여 고센 땅에 정착시킨다 (창46:28).

이렇게 요셉은 하나님의 은혜로 흉년을 지혜롭게 극복하였고 가족을 보전하였으며, 애굽 왕실로 엄청난 부(富)를 축적하게 하였다.

한 사람으로 말미암아 가족이 잘 되고, 나라가 평안하며, 많은 사람들을 엄청난 재난으로부터 건져낼 수가 있었던 것이다. 요셉은 총리로서 자기의 민족을 구원했을 뿐만 아니라, 애굽의 모든 토지 제도를 정비하므로 애굽 왕국에도 크게 유익이 되었다. 하나님의 언약을 붙잡고 사는 정직하고 성실한 사람, 하나님만 경외하는 지혜로운 사람, 그런 사람이 우리에게도 있게 해 주시라고 기도해야겠다.

(3) 애굽으로 내려간 70인

애굽에서 요셉이 낳은 아들은 두 명이니 야곱의 집 사람으로 애굽에 이른 자가 모두 칠십 명이었더라(창46:27).

야곱은 아들 요셉을 만난다는 기쁨과 이 지긋지긋한 흉년을 곡식이 풍성한 애굽에서 보낼 수 있다고 하는 부푼 가슴에 즉시 헤브론을 떠났을 것이다.

　야곱이 가나안에서 애굽으로 이주하면서 기록된 사람들은 야곱의 피가 섞인 사람들만 기록되어 있다. 심지어 야곱의 부인들과 며느리들도 명단에서 빠져있다. 레아 후손의 수가 제일 많은 남녀 33명이고, 실바의 후손이 16명이다. 라헬의 후손이 14명, 빌하가 7명, 모두 합하여 70명이다(창 46:8~27).

　그런데 유다의 후손 중에 사리(事理)에 맞지 않는 헤스론과 하물의 이름이 들어 있다. 이주자의 명단은 '유다(창 46:12)의 아들은 곧 엘과 오난과 셀라와 베레스와 세라니, 엘과 오난은 가나안 땅에서 죽었고, 베레스의 아들은 헤스론과 하물'이라고 소개한다.

　베레스와 세라는 다말이 유다에게 낳은 쌍둥이 아들인데, 다말은 엘과 결혼하여 엘이 죽고 동생 오난도 죽어 친정에 있던 다말이 시부 유다에게 창녀로 분장하고 접근하여 얻은 쌍둥이다. 그녀는 대를 이어주기 위하여 모든 수단을 동원하였던 것이다.

　유다의 이야기(창38장)는 행방불명된 17세의 요셉을 그리워하여 슬퍼하는 아버지 야곱을 보면서, 요셉을 팔자고 주장

했던 유다는 견디지 못하고 가출하고, 수아의 딸과 동침하여 엘과 오난과 셀라를 낳는다.

그리고 아들이 장성하자 결혼을 시키는데, 장자(長子) 엘이 죽자, 차자(次子) 오난을 형수와 결혼시키지만 그 또한 죽고 만다 두 아들이 죽은 때를 최단기간으로 설정해도 가출 후 14년쯤 되리라 그리고 이때 유다가 다말과 관계하여 베레스와 세라를 낳았다고 생각해 보자.

요셉이 17세에 애굽으로 팔려가고 30세에 총리가 되고, 39세 때 야곱이 애굽으로 이주하므로, 유다도 결혼 후 22년 정도의 기간이 지나서 애굽으로 이주한 셈이다.

그러므로 유다가 다말에게서 베레스와 세라란 아들을 낳은 때가 가출 후 14년 정도라고 보면, 베레스가 8세 전후 쯤 되었을 때 애굽으로 이주한 것이다.

그런데 이주자 명단에 베레스에게는 헤스론과 하물이라는 두 아들이 있었다고 70인 중에 기록되어 있는 것이다. 8세쯤 된 아이가 두 아들이 있다는 것은 사리에 맞지 않는다. 그러면 이것은 실수이거나, 실수가 아니면 분명히 의도된 기록이다.

창세기 기자(요셉)는 헤스론, 하물 두 아이가 태어난 곳은 비록 애굽이지만 가나안 땅에서 낳은 아들로 올리고 싶었기에 그렇게 쓴 것이 아닐까?

　요셉은 두 아이를 왜 이토록 존귀하게 여긴 것일까 야곱은
죽기 전에 열두 아들들의 미래를 예언(창49:1~28)하였다. 요
셉은 아버지 야곱의 예언 속에서 미래의 이스라엘이 어떻게
번성하게 될지 알게 되었다. 야곱은 예언 중에 '규(珪)가 유
다를 떠나지 아니하며 통치자의 지팡이가 그 발 사이에서 떠
나지 아니하시기를 실로가 오시기까지 이르리니 그에게 모
든 백성이 복종(창49:10)하리로다' 고 하였다.

　이 민족 이스라엘의 미래는 유다의 후손들에게 달려있다
는 것이다. 지금 유다의 후손은 셀라와 베레스와 세라 세 사
람이 애굽으로 들어왔고, 요셉은 이들을 지켜보고 있었으며,
베레스 후손을 통하여 하나님의 뜻이 이루어 질 것을 요셉은
알았을 것이다.

　요셉은 가나안에서 애굽으로 이주자의 수를 70명으로 확
정지으면서, 베레스의 아들인 헤스론하고 하물을 하나님이
주시기로 약속한 땅 가나안에서 출생한 것으로 올려 부족한
두 명을 보충하고, 베레스의 두 아들을 그 자리에 올리므로
저들을 돋보이게 하며 존귀하게 한 것이다. 쉽게 말하면 요
셉이 실수로 헤스론하고 하물이라는 두 사람을 가나안 땅에

서 출생한 것으로 잘못 알고 올린 것이 아닌, 의도된 기록이라는 것이다. 창세기는 장자의 명분에 따라, 셈과 야벳의 나이도 바꾸기도 하고, 심지어 장남과 막내를 바꿔 기술하기도 했다.

요셉은 창세기를 기록하면서 창세기 38장에 유다의 이야기를 끼어 넣는다. 이것 역시 야곱의 예언을 통하여 미래의 이스라엘 민족의 역사를 짊어질 유다의 후손들이 어떻게 태어나며, 유다가 어떤 부끄러움을 통하여 회개하고 새 사람이 되어 민족을 섬기고 인정을 받고, 동생 베냐민과 아버지를 섬기는 지를 본 후에 족보 기록으로 남긴 것이라고 말할 수 있다.

우리는 유다처럼 죄를 철저히 회개하고 최선을 다하여 살아 갈 때 복을 받게되며 구원을 얻고, 인류의 역사를 이끌게 된다는 것을 배우게 된다.

(4) 요셉의 맹세

이스라엘이 죽을 날이 가까우매 그의 아들 요셉을 불러 그에게 이르되 이제 내가 네게 은혜를 입었거든 청하노니 네 손을 내 허벅지 아래에 넣고 인애와 성실함으로 내게 행하여 애굽에 나를 장사하지 아니하도록 하라(창47:29).

야곱은 애굽에 내려 온지 17년의 세월을 호의호식(好衣好食)하고 총리의 아버지로서 온갖 혜택을 누리고 살다가, 조상들이 기다리는 저 세상으로 돌아갈 때가 되었다.

'이스라엘이 죽을 날이 가까우매 그의 아들 요셉을 불러 그에게 이르되 이제 내가 네게 은혜를 입었거든 청하노니 네 손을 내 허벅지 아래에 넣고 인애와 성실함으로 내게 행하여 애굽에 나를 장사하지 아니하도록 하라. 내가 조상들과 함께 눕거든 너는 나를 애굽에서 메어다가 조상의 묘지에 장사하라(창47:29~30).'

요셉이 '내가 아버지의 말씀대로 행하겠다' 고 하자, 야곱은 요셉으로 하여금 맹세하도록 시킨다.

'야곱이 또 이르되 내게 맹세하라 하매 그가 맹세하니, 이스라엘이 침상 머리에서 하나님께 경배하니라(창49:29~31)'

야곱은 왜 그렇게 '허벅지 아래의 맹세' 까지 시키는 무리한 요구를 하였을까?

이후 야곱이 저 세상으로 가고, 그의 장례 운구행렬(運柩行列)은 애굽에서 헤브론으로 가는데, 가까운 가데스바네아나 브엘세바를 통과하지 않고, 먼 거리인 에돔, 모압, 암몬 지역을 거쳐 요단강 건너편 아닷 타작마당(창50:10~11)에서 칠일 간 애곡한 뒤, 강을 건너 시신(屍身)을 메고 사해의 서쪽 길을 통해 수십 킬로미터 아래로 내려가서 헤브론에 장사한 뒤에, 다시 먼 길을 돌아서 애굽으로 돌아왔다.

이것은 무엇을 말하는가 아마 7년의 흉년에 애굽과 가나안 지역의 족속들과 심한 마찰로 요셉은 가데스바네아나 브엘세바를 통과할 수 없는 상황이었을 수도 있다. 요셉은 이 장례 행렬이 지날 수 있도록 에돔 주변의 나라들과 협상도 했을 것이다.

장례 행렬의 통과 지역은 에돔 연합국의 왕도를 따라 이동하는 통로였다. 에돔 연합국은 아브라함 때에 메소포타미아의 그돌라오멜(창14장)에게 조공을 바치지 아니하려고 1대 왕 벨라(소알왕)가 소돔 고모라등 주변국들과 함께 만든 연합국이고, 그때 비록 에돔이 싸움에서 졌지만 아브라함이 다메섹에서 승리하므로 연합국은 존속되었을 것이고, 지금은 창세기 36장에 나오는 에돔의 마지막 왕으로 기술된 8대 하달(하닷)왕(창 36:39)의 시대가 요셉 시대와 같았을 것이다.

그런데 그 후 수 백 여년이 지난 후, 출애굽 백성들은 요셉이 아버지를 장례 치르던 길과 비슷한 길을 따라 요단강에 이르며, 요단강을 건너서 가나안 땅을 점령한다. 따라서 결국 야곱의 장례행렬은 수 백 여년 후에 있을 출애굽의 가나안 점령의 길을 예시한 하나님의 인도였다고 생각된다.

요셉도 이제 저 세상으로 갈 나이가 되었다. 그래서 요셉은 그의 형제들에게 말한다.

'나는 죽을 것이나 하나님이 당신들을 돌보시고 당신들을 이 땅에서 인도하여 내사 아브라함과 이삭과 야곱에게 맹세하신 땅에 이르게 하시리라 하고, 요셉이 또 이스라엘 자손에게 맹세시켜 이르기를 하나님이 반드시 당신들을 돌보시리니 당신들은 여기서 내 해골을 메고 올라 가겠다 하라. 이렇게 맹세를 시키고 요셉이 백십 세에 죽으매, 그들이 그의 몸에 향 재료를 넣고 애굽에서 입관하였더라(창50:24~26)'고 기록 되었다.

요셉의 요구는 출애굽할 때 그의 해골을 메고 가나안 땅에 가라는 맹세의 명령이다. 쉽게 말하면 '출애굽 때 내 묘지를 해체해서 뼈와 부장품을 취하여 가지고 가라' 는 말인 것이다. 그 뒤 몇 백 년 후 출애굽의 여정 길에서 모세는 이 명령에 따라 요셉의 묘를 파묘(破墓)한다.

'모세가 요셉의 유골을 가졌으니, 이는 요셉이 이스라엘 자손으로 단단히 맹세하게 하여 이르기를, 하나님이 반드시 너희를 찾아오시리니, 너희는 내 유골을 여기서 가지고 나가라(출13:19).' 하였기 때문이었다.

무덤 속에는 요셉의 해골이 미이라로 되어 있었을 것이다. 그것만 있었을까 부장품들은 그 품목이 어디에도 기록되어 있지 않으니 추측할 수밖에 없다. 요셉의 후손 에브라임과 므낫세 지파는 요셉의 해골을 메고 가고, 모세는 부장품들을 빠뜨리지 않았을 것이다.

요셉은 지혜로운 족장이었다. 그는 아버지에게서 받은 족보와 자기의 이야기, 즉 창세기 37장부터 50장까지 창세기 전체의 약 1/4분량이나 되는 자신의 사역들을 함께 기록하여 보존했을 것이다. 그리고 가장 확실한 보존 방법으로 묘지를 택했을 것이다. 몇 백 년이 지나도 손상되지 않을 재질로 제작하여 항아리나 기타의 보관 방법으로 부장품으로 보관하였다면 출애굽 지도자 모세가 이것을 발견하고 시내산으로 가지고 가서 시내 산에서 그 시대 사람들이 쓰는 언어로 번역하여 창세기를 만들지 않았을까 따라서 요셉은 족보 책 때문에 맹세까지 시키면서 자신의 해골을 메고 가라고 유언했을 가능성이 높다고 생각한다.

요셉의 뼈는 맹세대로 요셉 자손들이 메고 가서 에브라임(수20:7) 산지의 세겜(수24:32)에 장사한다. 요셉의 후손들도 요셉 앞에서 맹세한 것을 그대로 이행하였다.

그런데 또 한 가지 의문점이 있다.

'왜 조상들이 묻혀 있는 헤브론 막벨라 굴에 요셉을 장사하지 않고 세겜에 장사했는가' 하는 점이다. 묘를 헐어서 시신을 메고 가라는 것은 자연스럽게 헤브론의 막벨라 굴에 장사하라는 말로 받아드려져야 할 텐데, 그렇게 이해되지 않고 있다는 점이다.

출애굽의 여정 길에서 후세들은 맹세대로 파묘하고 보니 파묘의 중요한 이유를 발견한 것이고, 그것 때문에 파묘하도록 했다고 생각하니 (헤브론에 장사되기 위하여 파묘 시킨 것이 아님을 깨달았기 때문에) 세겜에 장사한 것이 아닌가 생각된다.

그것은 요셉이 기록하여 무덤에 보존한 족보 발견 때문이었다고 생각 할 수 있다. 요셉이 후손들에게 자신의 족보를 발견하게 하기 위하여 파묘하라 한 것으로 후손들은 이해했고, 헤브론에 장사하지 아니해도 요셉의 요구를 지킨 것으로 생각하고, 그래서 요셉을 세겜에 장사해도 되는 것으로 해석하고, 자기들의 지경(地境)에 매장한 것으로 추정 할 수도 있다.

이런 가정이 진실인지 아닌지는 밝힐 방법이 없다. 다만 우리의 이 생각이 합리적이지 않느냐고 스스로 반문해 보면 해답이 나올 것 같기도 한다.

중요한 것은 어떤 경로로든 우리에게 주어진 창세기는 조상들이 경험한 사건들이 기록으로 전달되었고, 그것이 그대로 우리의 손에 있어, 읽고 신앙의 길을 가도록 성경은 우리를 인도하신다는 사실이다.

우리는 성경의 소중함을 더 깊이 세기고 묵상하고 성경이 인도하는 데로 나아갈 때 영생에 이르게 될 것이다.

－2017. 8. 22－

유다의 간청과
요셉의 눈물

아버지의 생명과 아이의 생명이 서로 하나로 묶여 있거늘 이제
내가 주의 종 우리 아버지에게 돌아갈 때에 아이가 우리와 함께 가
지 아니하면 아버지가 아이의 없음을 보고 죽으리니 이같이 되면
종들이 주의 종 우리 아버지가 흰 머리로 슬퍼하며 스올로 내려가
게 함이니이다.   [창 44:30–31]

유다는 애굽 총리 앞에서 베냐민을 위하여 간곡히 요청한다.
'주의 종이 내 아버지에게 아이를 담보하기를 내 아버지
께로 데리고 돌아오지 아니하면 영영히 아버지께 죄 짐을 지
리이다 하였사오니 이제 주의 종으로 그 아이를 대신하여 머
물러 있어 내 주의 종이 되게 하시고 그 아이는 그의 형제들
과 함께 올려 보내소서. 그 아이가 나와 함께 가지 아니하면

내가 어찌 내 아버지에게로 올라갈 수 있으리이까 두렵건대 재해가 내 아버지에게 미침을 보리이다(창44:30~34).'

유다의 중보는 참된 기도이고 헌신이었다. 유다의 간곡한 부탁을 듣고 요셉은 그간의 응어리진 모든 한(恨)이 일시에 풀리고, 감정이 북받쳐 방성대곡(放聲大哭)한다. 그리고 애굽 총리는 외친다.

"형님들 내가 요셉입니다."

형들은 이렇게 나타난 총리 요셉으로 말미암아 지금까지 동생을 팔아버린 죄책감으로 괴로워하던 마음에서는 비록 해방되었지만, 이제는 요셉이 자기들을 해치지 않을까 걱정하는 상황이 되었다 요셉은 즉시 형들에게 '나를 팔았다고 한탄하지 마소서 하나님이 이 흉년을 대비하려고 나를 먼저 애굽에 보내셨음이니 걱정하지 마소서' 라고 위로한다.

지금까지 요셉은 형들이 곡식을 사러 두 번째 방문하는 동안 형들이 얼마나 변화 되었는가 시험하여 보았다 그 옛날 요셉의 형제들은 불량 청소년들이었기 때문이다 여동생 디나를 세겜이 강간한 사건 때 하나님의 거룩한 할례의식을 세겜 성읍 사람들로 행하게 하였고, 고통 중에 있을 때 세겜 성읍 남자들을 몰살시키고, 거기에 더하여 모든 소유를 약탈하고 가족을 포로로 잡는 등 무지막지한 모습(창34장)을 요셉은 기억하고 있었다.

그뿐인가 장남 르우벤은 자기 어머니의 종이자 서모(庶母)인 빌하와 동침하여 아버지의 침상(寢牀)을 더럽힌(창35:22) 파렴치한 행동까지 했다.

뿐만 아니다. 아버지의 심부름으로 형들의 안부를 살피러 헤브론에서 세겜을 거쳐 도단까지 찾아온 요셉에게 '너의 꿈이 기분 나쁘다' 하여, 시기심을 참지 못하고 옷을 벗기고 구덩이에 던졌고, 다시 끌어올려 애굽으로 가는 이스마엘 상고(商賈)들에게 은 이십을 받고 종으로 팔아버리는(창37장) 형편없는 형들이었다. 요셉이 형들 때문에 애굽에서 얼마나 고생했는가도 생각했을 것이다.

요셉은 두 번이나 곡식을 사러온 형들에게서 긍정적인 큰 변화를 목격할 수 있었다. 과거 자기를 팔던 때나 살인을 할 때, 양을 칠 때의 모습들과는 달리, 아버지를 염려하고 동생 베냐민을 배려하는 모습이었다.

지금 요셉을 감격케 한 유다는 자기를 팔도록 한 제안했던 사람이다.

유다는 과거에 어떤 사람이었는가 유다는 요셉을 미디안 상인들에게 은 20에 판 후 도단에서 집으로 돌아갔고, 통곡하는 아버지의 눈물을 보다 못해 가출을 하며, 이방의 여인과 결혼 한 후 세 아들을 낳고, 장남 엘을 다말과 결혼을 시켰다(창38장).

장남 엘이 하나님 앞에 악하므로 죽고 오난도 다말에게 임신시키지 않으려고 질외사정을 하다가 죽어, 며느리 다말을 친정으로 보내진다. 얼마 후 유다의 부인이 죽고, 한없는 절망의 내리막 인생길에서 유다는 창녀 방에 들어간 하룻밤이 다말의 씨받이로 말미암았고 임신이 되어 유다는 며느리와 상관(相關)한 사람으로 낙인찍힌 인생이 되었다.

그러나 회개한 유다는 아들 셀라와, 며느리 다말이 낳아 준 쌍둥이 아들 베레스와 세라를 안고 아버지 야곱에게 돌아왔다. 탕자 유다는 돌아와서 겸허하게 회개하고, 모든 일들을 낮은 자의 위치에서 헌신하다 보니 이제 인정받는 인생으로 변화되었던 것이다.

유다의 간청(懇請)이 진실한 우애(友愛)요 진실한 효도요 진실한 가족애(家族愛)요 진실한 간구 진실한 회개였다면, 요셉의 통곡은 그동안 사무치던 그리움의 폭발이었고, 하나님께서 베푸신 은혜에 대한 감사의 눈물이었으리라.

우리는 낙심될 때, 그리고 앞이 보이지 않을 때도, 하나님을 의지하고 구원의 믿음의 길을 떠나지 말 것을 명심해야 한다. 그리고 유다의 간구와 요셉의 통곡이 주는 의미를 새겨봐야 할 것이다.

- 2014. 11. 24 -

요셉과 유다의
리더십

이제 주의 종으로 그 아이를 대신하여 머물러 있어 내 주의 종
이 되게 하시고 그 아이는 그의 형제들과 함께 올려 보내소서.

[창 44:33]

마지막 족장인 요셉은 배 다른 열 명의 형들의 틈바구니에서 아버지의 사랑을 독차지하고, 아버지가 요셉을 족장으로 세우려고 하는 것을 형들은 눈치 채고 견제하는 상황 속에서, 지난밤 꿈을 형들에게 이야기함으로서 결정적인 적대감(敵對感)까지 가지게 되는 상황이 발생한다.

17세 소년 요셉은 헤브론 골짜기에서 세겜까지 아버지의 소식을 전하게 되었다(창37:12~14). 그런데 요셉은 뜻밖에도 형들에게 테러를 당하게 된다. 요셉의 채색 옷을 벗기고 그를 잡아 구덩이에 던지고, 여기에 더하여 요셉을 미디안 사람 상인들에게 은 이십에 팔아 버린다(창37:18~28).

이제 요셉은 종의 신분이 되어 애굽으로 끌려간다. 꿈 많은 17세 소년 요셉은 애굽에서 바로의 신하 친위대장 보디발에게 팔린다.

요셉은 종의 신분이 되었어도 하나님을 원망하지 아니하고 꿈을 주신 하나님을 의지하며, 하나님은 요셉과 함께 하셨고, 보디발의 가정 총무(家庭總務)가 되고, 보디발의 집은 요셉으로 인하여 하나님이 주신 복을 받는다.

그리고 보디발의 아내가 요셉에게 동침을 요구하였지만, '내가 어찌 이 큰 악을 행하여 하나님께 죄를 지으리이까' 하면서 자신을 지켰다. 사랑이 변하여 모함(謀陷)이 되고, 요셉은 억울하게 왕의 죄수를 가두는 옥(獄)에 갇힌다. 그러나 이 감방에서도 하나님은 요셉과 함께 하셔서, 신임을 얻게 되어 모든 사무가 요셉의 손에 의해 처리된다. 그리고 술 맡은 관원장(官員長)의 꿈을 해석해 주고, 해석해 준 그대로 이루어져서 술 맡은 관원장은 복직된다.

감옥에서도 하나님의 영이 그 안에 있는 사람(창41:38), 하나님의 언약을 붙잡고 산(시105:19) 요셉은 한 순간도 하나님을 떠나지 않았다. 드디어 바로의 꿈을 해석할 기회가 생겼고, 요셉은 하나님을 높이면서 바로의 꿈을 해몽(解夢)해준다. 요셉의 해몽은 정확했을 뿐 아니라, 처방까지 곁들여 애굽의 살 길을 보여줄 때, 바로는 즉석에서 요셉을 총리로 세우고 모든 일을 그의 손에 위임한다. 하나님을 신뢰하고 믿는 요셉에게 드디어 꿈을 이루어주시는 하나님이셨다. 요셉의 리더십은 하나님을 믿고 신뢰하는 진실한 삶에서 나왔다.

그는 풍년에 곡식을 저장하여 흉년을 대비 하였고 드디어 흉년에 곡식을 사러온 형제들을 총리가 되어 만난다.

동생을 팔아버렸던 유다의 삶은 어떤가?

유다는 요셉을 잃고 통곡하는 아버지 야곱의 모습을 보았다. 되돌아보면 자기가 '그를 팔고 그에게 우리 손을 대지말자'고 제안하였고 더하여 은(銀) 이십에 요셉을 팔지 않았던가? 얼핏 보기에 잘했던 처리인 듯 하였지 만 동생을 팔고 아버지에게 동생이 죽은 것으로 거짓 보고를 한 파렴치한 죄인들이었다.

그후 아버지의 계속되는 애통을 볼 수가 없어서 유다는 가출을 한다. 아버지의 품을 떠난 유다는 탕자가 되어서 가나안 사람 수아의 딸과 동침하여 엘과 오난과 셀라를 낳는다. 세월이 흐른 후, 유다는 장자 엘을 다말과 결혼시킨다.

그렇지만 엘이 여호와께서 보시기에 악하므로 죽게 되었고, 동생 오난은 형에게 씨를 주지 아니하려고 땅에 설정(泄精)하므로 하나님께서 그의 생명도 거둬 가신다. 이 참담한 상황 속에서 유다는 다말에게 수절(守節)을 명하고 친정으로 보낸다.

유다는 자녀교육을 할 줄 몰랐고, 꿈도 없고, 하나님을 의지하는 믿음도 없고, 회개의 눈물도 없고 탕자의 비유에 나오는 둘째 아들처럼 타락의 길을 계속 가고 있었다. 거기에 아내마저 저 세상으로 가버렸으니 얼마나 비참한 인생인가

얼마 후 유다는 딤나에서 창녀를 찾아 하루 밤을 즐겼다. 그리고 며느리가 행음(行淫)하여 임신했다는 소식을 듣게 되었다. 유다는 그를 끌어내어 불사르라 명령했다. 끌려나온 며느리가 말했다.

'이 물건 임자로 말미암아 임신하였나이다. 보소서 이 도장과 그 끈과 지팡이가 누구의 것이니이까'

유다는 창녀를 찾았던 그 밤을 기억해 내고, 며느리를 범한 유다는 '그는 나보다 옳도다. 내가 그를 내 아들 셀라에게 주지 아니하였음이로다.' 하고 다시는 다말을 가까이 하지 않는다. 다말은 유다에게 베레스와 세라 쌍둥이를 낳아준다.

유다는 다말 사건 이후 아버지의 품으로 돌아왔고, 자신이 지은 모든 죄와, 며느리를 범한 부끄러움과, 아버지의 눈물이 자기 때문임을 자각(自覺)하고, 하나님 앞에서 회개하고 신앙을 회복하고, 아버지와 가족에게 헌신하며 살았을 것이다.

유다에 관한 이후의 기록은 흉년이 되어 곡식을 사러 가는 장면에서 재등장한다.

두 번째 곡식을 사러갈 때 총리의 명령인 동생 베냐민을 데리고 가야 했다. 유다는 '내가 베냐민을 위하여 담보(擔保)가 되오리니 아버지께서 내 손에서 그를 찾으소서.'라고 아버지를 설득하고 허락을 얻어 드디어 베냐민을 데리고 곡식을 사러 애굽으로 간다.

그러나 총리의 은잔(銀盞) 계책으로 다시 돌아와, 11인의 형제들을 대표하여 유다가 총리에게 간청한다.

"이제 주의 종으로 그 아이를 대신하여 머물러 있어 내 주의 종이 되게 하시고, 그 아이는 그의 형제들과 함께 올려 보내소서. 두렵건 데 재해가 내 아버지에게 미침을 보리이다 (창44:33~34)."

이 유다의 헌신적인 마음을 보고 총리는 방성대곡(放聲大哭)을 한다. 그리고 총리는 외친다.

"형님들 내가 요셉입니다"

변화된 형들의 모습을 보고 감격한 것이다.

종으로 팔아버린 요셉이 애굽의 총리가 되어 형제들 앞에 나타난 것이다.

꿈인가 생시인가 형제들의 해후는 뜨거운 눈물 바다였다. 이렇게 해서 야곱은 사랑하는 요셉을 만나러 애굽으로 내려 가게 되었다. 하나님을 신뢰한 요셉, 회개하고 돌아온 유다 는 야곱의 두 기둥이었다.

지금도 이 땅의 모든 지도자들이 요셉처럼 하나님을 신뢰 하고, 돌아온 탕자 유다처럼 회개하는 모습을 보인다면, 우 리의 가정과 교회와 사회는 더욱 신실하고 아름다운 곳이 될 것이다.

- 2013. 6. 22 -

험악한 세월

야곱이 바로에게 아뢰되 내 나그네 길의 세월이 백삼십 년이니
이다 내 나이가 얼마 못 되니 우리 조상의 나그네 길의 연조에 미
치지 못하나 험악한 세월을 보내었나이다.   **[창47:9]**

요셉이 아버지 야곱을 바로 앞으로 인도한다 그리고 야곱
이 바로에게 축복을 한다.

바로가 네 나이가 얼마냐고 물었을 때에 야곱이 바로에
게 내 나그네 길의 세월이 백삼십 년입니다 내 나이가 얼마
못 되니 우리 조상의 나그네 길의 연조에 미치지 못하나 험
악한 세월을 보내었나이다 하였다(창47:7-10).

야곱 그는 험악한 세월을 살았다고 하였는데 어떤 관점
에서 이렇게 대답을 했을까 야곱의 삶을 멀리서 들여다 본다

면 과연 험악한 세월이라는 말이 맞을 것이다.

그런데 야곱이 이렇게 험악하게 살게 된 근본은 그가 쌍둥이 형제로 태어나서 차자인 그가 장자의 명분을 이어가야 하는 어머니 리브가가 하나님께 받은 미션이 그를 험악한 인생의 길이 되게 한 것이었다.

이삭의 아내 리브가가 임신하여 그 아들들이 그 태속에서 서로 싸우는지라. 그가 이럴 경우에는 내가 어찌 할꼬 하고 가서 여호와께 묻자온대 그에게 이르시되 두 국민이 네 태중에 있구나. 두 민족이 네 복중에서부터 나누이리라. 이 족속이 저 족속보다 강하겠고 큰 자가 어린 자를 섬기라라 하셨다(창25:22-23) 한 것이었다.

그런데 아이들이 자라면서 이삭은 에서의 사냥한 고기를 좋아하여 그를 사랑하고, 리브가는 야곱을 사랑하였다.

리브가는 시집올 때에 가족의 축복을 받았다. 그에게 축복하여 이르되 '우리 누이여 너는 천만인의 어머니가 될지어다. 네 씨로 그 원수의 성 문을 얻게 할지어다(창24:60)'라고 축복하였다. 그녀는 천만인의 어미로서 사명을 받았다.

그녀는 아브라함의 며느리가 되어 그 장자의 씨를 보전하여 천만인이 그녀의 태중에서 출발 되어야하며 장자의 명분을 차자가 이어 갈 것을 하나님은 그녀에게 이미 태중에서 말씀 하셨기 때문에 그녀는 야곱에게 장자로서 사명을 일깨워주고 장자의 명분을 얻는 것을 인생의 제일 목표로 삼게 한 것이었다.

야곱은 어떻게 하면 내가 장자의 명분을 얻을까를 염두에 두고 살았다.

에서가 사냥하고 피곤할 때 그는 팥죽 한 그릇으로 장자의 명분을 사 보기도 했다.

그리고 이삭이 에서에게 사냥을 하여오라 내가 먹고 마음껏 축복해 주리라는 이 상황 속에서 어머니의 권고대로 그는 염소의 가죽을 손과 목에 붙이고(창27:9-16) 형의 옷을 입고, 이삭 앞에 나타나서 야곱이 나는 에서라고 속이고, 만지게 하고 아버지가 하시는 축복을 가로챘다.

축복은 가로 체지만 금방 들통이 나고 생사의 갈림길까지 험악한 상황이 된 것이다. 리브가는 이삭을 설득했고, 그리고 이삭은 야곱을 불러 장자로서의 축복을 해주었다.

야곱 그는 장자로서 험악한 인생 여정 길에서 외롭게 홀로 밧단아람까지 여행을 출발하고, 벧엘에서 하나님을 만나며 동행해 주시는 하나님을 믿고 험악한 여정 길을 개척해 나간다.

　그는 한 사람 아내만을 원 하였지만 그에게는 4명의 아내가 생기고, 총 열두 아들과 딸 하나를 주셨다.
　장인 라반이 열 번이나 임금을 변혁해도 계속해서 야곱의 재산을 불려주시는 하나님임을 그는 눈으로 보고 있다. 장자의 명분을 얻은 그에게 하나님이 어떻게 해 주시는가를 보여주시고 계시는 것이다.

　야곱은 하나님의 명으로 장인을 떠나 가솔을 이끌고 도망 나온다. 그리고 쫓아온 장인을 만나며 하나님의 간섭으로 화해하고 생명을 보전한다.
　그는 얍복강 가에 홀로 남는다.
　아무리 생각해도 에서와 아버지를 속이고 장자의 축복을 가로챈 자기를 용서할 수 없었고, 어떤 사람과 밤새껏 씨름하는 야곱, 그는 환도뼈 관절이 어긋나고서야 씨름이 멈춰졌다.
　이때 그분이 이스라엘이라는 이름을 주셨고, 야곱이 이스라엘이 된다.

야곱은 형을 만나 화해하고 숙곳에 움막을 짓는다 아버지 앞으로 가야 하지만 아버지를 속인 죄를 돌아보며 발걸음이 떨어지지 않는다 세겜족을 몰살하는 처참한 사고 후 출발하여 드디어 아버지 앞에 엎드린다.

고향에 안착한 것이고 장자로서 제 위치에 와 있게 된 것이다 그러나 요셉을 잃는다 그를 잃은 절망 속에서 유다까지 가출을 한다.

고통 가운데 세월은 흘러 유다는 돌아왔고, 흉년에 애굽에 다녀온 아들들이 요셉이 총리가 되어 있음을 야곱에게 알리고 모셔갈 수레를 보인다 야곱은 이제 만족하였다.

그의 삶을 멀리서 바라보면 이렇게 험악하였다 그리고 천만인의 뿌리가 된 야곱에게 자녀들의 갈 길이 보인 것이다. 그는 험악한 세월의 종착점에 와 있었던 것이다 하나님이 요셉을 총리로 세워 준비하신 것이었다.

험악한 세월이 가고 큰 민족을 이룰 길이 보인 것이다 하나님은 야곱을 이렇게 인도 하셨다.

우리의 여정 길에도 하나님은 함께 하시고 나에게 주신

사명을 잘 감당하도록 인도하고 계시는 것을 믿어야 한다.

- 2018. 2. 20 -

요셉의 맹세와
야곱의 장례

야곱이 애굽 땅에 십칠 년을 거주하였으니 그의 나이가 백사십 칠 세라 '이스라엘이 죽을 날이 가까우매 그의 아들 요셉을 불러 그에게 이르되 이제 내가 네게 은혜를 입었거든 청하노니 네 손을 내 허벅지 아래에 넣고 인애와 성실함으로 내게 행하여 애굽에 나를 장사하지 아니하도록 하라 내가 조상들과 함께 눕거든 너는 나를 애굽에서 메어다가 조상의 묘지에 장사하라 요셉이 이르되 내가 아버지의 말씀대로 행하리이다 야곱이 또 이르되 내게 맹세하라 하매 그가 맹세하니 이스라엘이 침상 머리에서 하나님께 경배하니라.

[창 47:28~31]

왜 야곱은 요셉에게 번복 할 수 없는 맹세를 요청하였을까 아마도 그것은 가나안 지역과 애굽과의 관계가 상당히 악화된 국제정세에서 기인되었다고 상정(想定)하지 않을 수 없다. 7년의 흉년 기간을 다스리면서 애굽의 사람들이 변방(邊方)에서 성읍으로 이주(창47:21)했던 사실은, 국경을 침범하여 약탈하는 가나안 적들로부터 국경을 지키고 자국민(自國民)을 보호하기 위한 조치였을 것이다. 요셉이 곡식을 사러온 가나안 사람들을 살필 때 정탐꾼(창42:9)인가를 자연스럽게 심문하고 있는 점을 볼 때, 더욱 그렇다.

흉년이 계속되는 동안 가나안은 애굽에서 원하는 만큼 곡식을 공급받지는 못했을 가능성이 있다. 따라서 애굽과 가나안의 관계는 악화되었을 것이고, 헤브론은 가나안 땅이기 때문에 애굽총리 요셉이 마음대로 출입할 수 없었을 것이다.

이러한 상황을 감지한 야곱은 자기가 원하는 헤브론에 장사될 가능성이 희박하므로 확실하게 맹세를 시켜 헤브론에 매장하도록 하였을 것이다. 야곱이 헤브론에 장사되어야 하는 이유는 그들의 본향이 가나안 땅이며, 반드시 그곳에서 살도록 하나님이 인도하실 것이며, 가족 모두의 매장지(埋葬地)이기 때문이었다.

요셉은 아버지에게 맹세한 일을 완수하기 위하여, '어떻게 하면 헤브론에 무사히 장사하고 돌아올 수 있을까' 고민하였을 것이다.

야곱이 원했던 헤브론은, 애굽에서 가려면 브엘세바나 가데스를 경유하여 가는 길이 정상 코스다. 그런데 주변의 상황이 위험하여 그 길을 통과할 수 없어 차선책으로 사해(死海) 동편 에돔의 왕도(王道)를 택한 것으로, 에서의 후손들이 살고 있는 에돔과 롯의 후손들이 사는 모압과 암몬을 통과하는 장례길을 준비한 것으로 보인다.

요셉은 7년의 흉년에 에돔에서 살고 있는 에서의 후손들에게는 충분한 곡식을 공급해 주었을 것이다. 이 과정에서 에서 후손들의 상황과 분포, 족장들의 활동 등을 알게 되고, 창세기 36장의 에서의 족보와 에돔 왕국에 대한 내용을 정리할 수 있게 되었을 것이다.

에돔왕국의 창립(창14장)은 아브라함이 가나안 땅으로 이주해온 뒤 바로 일어난 일로, 메소포타미아의 그돌라오멜에게 조공을 바치지 아니하려고 초대왕인 벨라를 중심으로 에돔 연합국을 만든 것이고, 요셉 시대는 여덟 번째의 왕인 하달(하닷)이 다스리는 시기로, 야곱의 장례 행렬이 무사히 이동되도록 적극적으로 도왔으리라 여겨진다.

야곱은 147세에 세상을 떠났고, 장례 행렬은 헤브론을 향하여 안전한 길인 에돔 왕도(王道)로 진행하고, 모든 피해를 보상해주면서 모압, 암몬의 지역을 통과하고, 요단 강 건너편 아닷 타작마당(창50:10~14)에 이르러 크게 울고 애통하며 칠 일 동안을 애곡하였다. 그러자 그 땅 거민 가나안 백성들은 아닷 마당의 애통을 보고 그 땅 이름을 아벨 미스라임이라 하였다. 곧 요단 강 건너편이었다.

'그를 가나안 땅으로 메어다가 마므레 앞 막벨라 밭 굴에 장사하였으니, 이는 아브라함이 헷 족속 에브론에게 밭과 함께 사서 매장지를 삼은 곳이더라.' 고 창세기 50장 13절은 기록되어 있다.

요셉은 아버지 야곱과의 맹세를 실천하였고, 무사히 애굽으로 귀환한다. 하나님은 맹세를 지킨 요셉에게 복을 주셨다.

그는 백십 세를 살았고, 이런 유언을 남겼다.

"나는 죽을 것이나 하나님이 당신들을 돌보시고 당신들을 이 땅에서 인도하여 내사 아브라함과 이삭과 야곱에게 맹세하신 땅에 이르게 하시리라 하고, 요셉이 또 이스라엘 자손에게 맹세시켜 이르기를 당신들은 여기서 내 해골을 메고 올라가겠다 하라(창50:24)."

훗날 모세는 요셉의 유골을 취하여 출애굽 하였고(출 13:19), 요셉의 후손들은 요셉을 세겜(수 24:32)에 장사하여 맹세를 준행한다.

그런데 여기서 왜 세겜에 장사 했느냐는 것이다.

당연히 유골을 매고 가라는 것은 헤브론에 장사되기 원하는 것이라고 해석해야 바른 판단이다.

그런데 파묘한 후에 그들은 파묘를 하라고 하는 중요한 이유가 발견되었기 때문에 헤브론에 묻히기를 원하는 것이 아닌 바로 그 보존된 부장품을 주려는 요셉의 지혜였다고 생각했기 때문에 오히려 헤브론에 장사하지 아니하고, 야곱이 산 땅(수 24:32) 자기들의 지경에 요셉을 장사한 것이 아닐까 상상해 본다.

그 무덤에서 발견된 부장품은 요셉이 기록한 족보라고 생각해 볼 수도 있고 혹은 다른 것인지도 알 수 없다. 혹은 아무 부장품도 없는 경우도 있을 수 있을 것이다.

만약에 족보라면 금은보화 보다 값어치가 있는, 하나님이 선조들을 어떻게 인도하셨으며 어떤 약속들을 간직하고 있는지 알게 될 것이었다.

또 하나님이 조상들에게 가나안 땅을 주시기로 약속하신 것이 확실하게 이해되어 질 때에 그땅을 점령하고 가꾸는 일에는 더욱 확신을 가지고 추진 할수 있을 것이었다.

우리는 진실은 모른다. 다만 무덤을 왜 파묘하도록 했을까를 상상해 보면서 무덤 속에 간직 되어진 비밀이 있을 것이라는 생각이 이런 추정을 하게 한 것이라고 생각된다.

- 2015. 1. 2 -

창세기의 풍성한 진실

창세기 5장 1절에 '이것은 아담의 계보를 적은 책이니라.'라고 기술하고 있으며, 창세기는 아담 후손들의 족보를 중심으로 하나님이 장자(長子)들을 통하여 하신 일들을 기록한 내용이라는 것이다. 창세기는 읽을수록 족보 책이라는 생각이 들며 이것이 숨겨진 진실이라고 생각된다.

창세기에는 우주의 창조와 지구에서 인간이 어떻게 창조되었는가가 기록되어 있다. 먼저 빛이 있으라 하셔서 빛을 만드셨다. 그 빛을 가지고 온갖 물질들을 만들고, 그것을 뭉쳐 별을 만드셔서 우주를 조성하셨다. 우리가 살고 있는 우주 가운데 지구의 창조와 생물의 창조, 그리고 인간을 창조하시기 전에 에덴동산을 만드셨고 아담과 하와를 창조하시고 거기 두신 것이다 인간은 마귀의 유혹에 하나님처럼 되려고 선악과를 따먹어 범죄 하였고 안식은 깨어지고 말았다.

'여호와 하나님이 뱀에게 네가 이렇게 하였으니 네가 모든 가축과 들의 모든 짐승보다 더욱 저주를 받아 배로 다니고 살아 있는 동안 흙을 먹을지니라 내가 너로 여자와 원수가 되게 하고 네 후손도 여자의 후손과 원수가 되게 하리니 여자의 후손은 네 머리를 상하게 할 것이요 너는 그의 발꿈치를 상하게 할 것이니라(창3:14-15)' 고 하였다.

창세기 3장의 사건으로 인하여 여호와 하나님께서는 그를 에덴동산에서 내보내어 그의 근원이 된 땅을 갈게 하셨다. 아담과 하와는 농사하는 첫 아들 가인을 낳고, 또 양을 치는 아벨을 낳는다.

세월이 지난 후에 가인은 땅의 소산으로 제물을 삼아 여호와께 드렸고, 아벨은 양의 첫 새끼와 그 기름으로 제사를 드렸더니 여호와께서는 아벨과 그의 제물은 받으셨지만, 가인과 그의 제물은 받지 아니하셨다. 가인은 몹시 분하여 안색이 변한다(창4:3~5). 그들이 들에 있을 때 결국 가인은 그의 아우 아벨을 쳐 죽였다(창4:8).

첫 살인 사건이다. 그리고 그 결과는 참담하였다. 가인이 장남으로 태어났지만, 동생 아벨을 죽인 후 놋 땅으로 이주 (移住)한다. 가인이 부모와 하나님을 떠나 죄악의 인간의 문화를 이루어 갈 때, 하나님께서는 다시 아담과 하와 사이에서 아들을 주셨다.

'아담이 다시 자기 아내와 동침하매 그가 아들을 낳아 그의 이름을 셋이라 하였으니 이는 하나님이 내게 가인이 죽인 아벨 대신에 다른 씨를 주셨다 함이며, 셋도 아들을 낳고 그의 이름을 에노스라 하였으며, 그 때에 사람들이 비로소 여호와의 이름을 불렀더라(창4:25-26)'

그렇다면 누가 아담의 장자인가? 창세기는 여호와 하나님을 부르는 자를 장자로 삼았다. 원래 장남은 가인이다. 가인이 장남인데 가인을 장자로 인정하지 아니하고 셋을 장자로 세운 것이다.

성경은 말한다.

'하나님이 남자와 여자를 창조하셨고, 그들이 창조되던 날에 하나님이 그들에게 복을 주시고, 그들의 이름을 사람이라 일컬으셨다. 아담은 백삼십 세에 자기의 모양 곧 자기의 형상과 같은 아들을 낳아 이름을 셋이라 하였고, 아담은 셋을 낳은 후 팔백 년을 지내며 자녀들을 낳았으며, 그는 구백 삼십 세를 살고 죽었더라(창5:2~5)'

가인은 역사에서 배제시키고, 셋을 장자로 인정한 것이다. 그리고 셋을 장자로 세운 것을 기록하여 족보로 보존하고 이후에 가인이 장자라고 할 수 없도록 확인한 것이 아닐까 생각된다.

그 후 장자로 지명된 자는 셋처럼, 하나님을 나의 하나님으로 섬기며 제사하는 자로, 세상에 복음을 전하는 하나님 뜻의 전달자(장자)로 쓰임 받았음을 볼 수 있다.

창세기 5장에서는 셋부터 노아가 태어나기까지 장자의 연대를 기술하고, 창세기 6장에서는 가인의 후손 뿐 아니라 셋의 후손들까지 타락하므로, 오직 의로운 노아의 가족만을 택하여 새로운 세상을 열 계획을 보이신다.

'그러나 노아는 여호와께 은혜를 입었더라 이것이 노아의 족보니라 노아는 의인이요 당대에 완전한 자라 그는 하나님과 동행하였으며 세 아들을 낳았으니 셈과 함과 야벳이라(창 6:8~10).'

'하나님이 노아에게 이르시되 혈육 있는 자의 포악함이 땅에 가득하므로 그 끝날이 내 앞에 이르렀으니 내가 그들을 땅과 함께 멸하리라. 너는 고페르 나무로 너를 위하여 방주를 만들되 그 안에 칸들을 막고 역청을 그 안팎에 칠하라. 네가 만들 방주는 이러하니, 그 길이는 삼백 규빗, 너비는 오십 규빗, 높이는 삼십 규빗이라. 거기에 창을 내되 위에서부터 한 규빗에 내고 그 문은 옆으로 내고 상중하 삼층으로 할지니라(창6:13~16).

창세기 7장은 구원받는 동물과 노아의 가족이 이 방주에 승선하게 하며 노아가 육백 세 되던 해 둘째 달 곧 그 달 열이렛날 그 날에 큰 깊음의 샘들이 터지고 하늘의 창문들이 열려 사십 주야를 비가 땅에 쏟아졌다(창7:11~12).

이렇게 노아의 가족과 승선한 동물 외에는 하나님의 계획대로 지상의 코로 숨 쉬는 인간과 동물들은 모두 멸절되었다 이때 가인과 동행하던 모든 인간들은 다 죽었다.

이후로 인류는 노아의 후손들로 이루어진다 '육백일 년 첫째 달 곧 그 달 초하룻날에 땅 위에서 물이 걷힌지라. 노아가 방주 뚜껑을 제치고 본즉 지면에서 물이 걷혔더니, 둘째 달 스무 이렛날에 땅이 말랐더라(창8:13~14).' 노아가 그 아들들과 그의 아내와 그 며느리들과 함께 나왔고, 땅 위의 동물 곧 모든 짐승과 모든 기는 것과 모든 새도 그 종류대로 방주에서 나왔다.

그리하여 하나님 앞에 제사를 드리고 이 폐허가 된 땅을 일구어 농사를 시작한다.

'노아가 농사를 시작하여 포도나무를 심었더니, 포도주를 마시고 취하여 그 장막 안에서 벌거벗은지라. 가나안의 아버지 함이 그의 아버지의 하체를 보고 밖으로 나가서 그의 두 형제에게 알리매, 셈과 야벳이 옷을 가져다가 자기들의 어깨에 메고 뒷걸음쳐 들어가서 그들의 아버지의 하체를 덮었으며, 그들이 얼굴을 돌이키고 그들의 아버지의 하체를 보지 아니하였더라. 노아가 술이 깨어 그의 작은 아들이 자기에게 행한 일을 알고, 이에 이르되 가나안은 저주를 받아 그의 형제의 종들의 종이 되기를 원하노라 하고, 또 이르되 셈의 하나님 여호와를 찬송하리로다. 가나안은 셈의 종이 되고, 하나님이 야벳을 창대하게 하사 셈의 장막에 거하게 하시고 가나안은 그의 종이 되게 하시기를 원하노라 하였더라(창 9:20~27).'

노아는 셋째 아들로 태어난 셈을 장자로 세우고, 함의 아들 가나안을 종으로 주어버리며 장남으로 태어난 야벳을 셋째로 기록하여 족보를 완성하고 있다.

창세기 10장은 이렇게 말한다.

'노아의 아들 셈과 함과 야벳의 족보는 이러하니라. 홍수 후에 그들이 아들들을 낳았으니' 라고 기록하면서 장남인 야 벳의 아들들부터 기록한다. '홍수 후에 그들이 아들들을 낳 았으니, 야벳의 아들은 고멜과 마곡과 마대와 야완과 두발과 메섹과 디라스요(창10:1~2).' 라고 기록하여 족보의 장자는 셈이지만 출생의 장남은 야벳임을 기록하고 있다. 야벳이 육 신적으로 장남으로 태어났지만 셈을 장자로 세움으로 셈, 함, 야벳 순으로 기록되고 있는 것이 확인된다.

이와 같은 장자의 순서를 당대에 기록하지 아니하였다면 후대에 누가 감히 장남과 막내를 바꾸어 기록할 수 있겠는가 그러므로 창세기는 당대에 기록된 족보가 그대로 후대까지 전달된 책이라고 생각된다.

이 후, 우리는 이런 장자의 족보를 여러 곳에서 볼 수 있 다. 아르박삿은 셈의 셋째 아들이다. 창세기 19장 22절에 셈 의 아들은 엘람과 앗수르와 아르박삿과 룻과 아람이요 라고 기록되어 아르박삿이 셋째 아들인 것이다.

그런데 '셈의 족보는 이러 하니라 셈은 백 세 곧 홍수 후 이 년에 아르박삿(창11:10)을 낳았고' 라고 기록하여 엘람이 태어난 해에 아르박삿이 출생한 것으로 기록하여 아르박삿을 장자로 인정한다.

우리가 잘 아는 아브라함도 데라의 차자(次子)로 태어나지만, 60세 연장자인 장남 하란과 바꾸어 아브라함, 나홀, 하란으로 순서를 바꾸어 아브라함을 장자로 족보에 기록한다. 이것은 아버지인 데라가 결정하여 시행한 것이기 때문에 하란의 아들이오, 아브라함의 조카인 롯도 승복했을 것이다.

족보의 기록들은 후대의 후손들이 변경할 수 없다. 그래서 창세기는 당대에 기록되어 온 책이며, 거짓 없는 확실한 내용 그대로 전달되어 온 책이다.

이삭도 마찬가지다. 이스마엘이 장남으로 태어났지만, 하나님이 이삭을 장자로 세우라고 하시므로 이삭이 장자가 되고 아버지의 유업을 이어 축복 권을 행사한다.

야곱이 장자가 된 경위도 마찬가지이다. 어머니 리브가의 물음에(창25: 23~24) 여호와께서는 이렇게 말씀하셨다.

'두 국민이 네 태중에 있구나. 두 민족이 네 복중에서부터 나누이리라. 이 족속이 저 족속보다 강하겠고 큰 자가 어린 자를 섬기리라.'

리브가는 이것을 하나님의 계시로 이해하였고, 리브가는 받은 계시를 이루기 위하여 남편인 이삭을 속이는 극한 사기(詐欺)까지 행하여 야곱으로 장자의 축복을 받게 함을 볼 수 있다. 그리고 이 사건이 얼마나 큰 파장을 일으키는가를 성경에 기록하고 있다.

그 야곱은 아버지 이삭에게 다시 장자의 축복 기도를 받고 밧단아람으로 보내어지며, 거기서 4명의 아내에게서 12명의 아들을 얻는다. 뒤에 야곱의 이름이 이스라엘로 불려지고, 그 민족이 이스라엘로 불러지는 장자의 명분을 분명하게 확인 시키는 결과가 창세기에 기록된 이스라엘의 역사이다.

창세기는 온통 장자의 명분이 어떻게 면면히 이어져 오고 있는가를 기록해온 책이며, 후대 사람들이 쓸 수 없는 기록물이고, 이 기록물을 후대 사람들이 책으로 엮은 것이 창세기라고 말할 수 있다.

야곱의 열한 번째 아들 요셉은 종으로 팔려가지만, 하나님을 의지하고 끝까지 인내하므로 애굽의 총리가 되어 아버지의 온 가족을 애굽으로 이주시킨다. 요셉은 조상들의 예언대로 미래에 이스라엘이 출애굽하여 가나안 땅을 차지할 것을 알고, 자기의 해골을 메고 가도록 후손들에게 명령하고 맹세시킨다. 그는 그때까지 전해 내려온 족보와, 요셉 자기의 이야기(창세기 37장~50장)를 합하여 책으로 엮어 보존하여 전달한 사람이라고 생각된다.

한 가지 특이한 점은 유다에 관한 기록이다. 창세기 38장에 유다와 그의 후손들에게 유달리 관심을 가지고 창세기를 기록하고 있음을 본다. 그것은 아버지 야곱의 예언, 장차 될 일에 대한 예언인 창세기 49장의 내용 중에서 유다 족속에게 장자의 명분이 이어진다는 기록이다.

야곱은 죽기 전에 이렇게 예언한다.

'유다야 너는 네 형제의 찬송이 될지라. 네 손이 네 원수의 목을 잡을 것이요 네 아버지의 아들들이 네 앞에 절하리로다. 유다는 사자 새끼로다. 내 아들아 너는 움킨 것을 찢고 올라갔도다. 그가 엎드리고 웅크림이 수사자 같고 암사자 같으니 누가 그를 범할 수 있으랴. 규가 유다를 떠나지 아니하며 통치자의 지팡이가 그 발 사이에서 떠나지 아니하기를 실로가 오시기까지 이르리니 그에게 모든 백성이(창49:8~10) 복종하리로다' 하였다.

여기에서 '규(圭)가 유다를 떠나지 아니하며, 통치자의 지팡이' 라는 말씀으로 유다가 장자의 명분을 이어가고 있음이 확인된다. 요셉의 후손이 아니라, 유다의 후손으로 장자의 계보가 이어진다는 것이다.

　장자의 혈통이 얼마나 중요한가를 잘 아는 요셉은 유다의 계보가 잘 드러나도록 하기 위하여 유다의 역사인 창세기 38 장의 기사를 기록한 배려가 아닌가 생각된다.

　또한 야곱과 함께 애굽으로 이주한 70인 명단에 나오는 유다의 손자 두 사람(베레스의 아들 헤스론과 하물)은 당시 아직 태어나지도 않았지만, 이주(移住) 후 태어난 사람을 70인을 채우면서 기록하여 올리므로 저들이 족보에 잘 드러나게 기록해 둔 것으로 생각된다. 요셉은 여기까지 신경을 써서 기록했다고 생각된다.

　마지막 족장인 요셉도 저 세상으로 간다. 요셉은 자기가 죽은 후 이스라엘 족속이 종의 신분으로 추락하여 고난 받을 것을 알고 자기 무덤에 민족의 역사(족보)를 보관해 두고, 출애굽할 때 자기의 무덤을 파묘하여 해골을 메고 가도록 하여, 자연스럽게 족보를 발견하게 하여, 족보를 이어가는 민족이 되도록 했다는 추측인 것이다.

　출애굽기 13장에서 '모세가 요셉의 유골을 가졌으니 이는 요셉이 이스라엘 자손으로 단단히 맹세하게 하여 이르기를 하나님이 반드시 너희를 찾아오시리니 너희는 내 유골을 여기서 가지고 나가라 하였음이더라. 그들이 숙곳을 떠나서 광야 끝 에담에 장막을 치니(출13:19~20)' 라고 기록하였다.

그 후 요셉의 유골은 '또 이스라엘 자손이 애굽에서 가져온 요셉의 뼈를 세겜에 장사하였으니 이곳은 야곱이 백 크시타를 주고 세겜의 아버지 하몰의 자손들에게서 산 밭이라. 그것이 요셉 자손의 기업이 되었더라 하였다(수24:32).'

요셉은 아버지의 묘실 헤브론에 장사된 것이 아니고 세겜에 장사 된다. 세겜은 에브라임 지파의 땅이다. 요셉은 헤브론의 아버지의 곁에 묻히기를 원한 것이 아니라, 자기의 무덤을 파묘하여 자기의 뼈를 가지고 출애굽하게 하므로 부장품 족보도 가지고 가게 한 것이 아닌가 생각된다. 쉽게 말하면 '묻힐 장소는 중요하지 않고, 자기의 무덤이 해체되기를 바란 것' 이라고 말할 수 있다.

모세는 요셉의 무덤에서 부장품들을 가지고 갔을 것이며, 그중에 요셉이 기록한 책(족보)을 시내산으로 가지고 가서 백성 모두가 읽을 수 있도록 번역하고 편집해서 창세기를 만들었다고 추정해 볼 수 있고 이것이 진실이라고 생각된다. 그런데 이 추정을 사실로 본다면 모세는 왜 창세기를 무덤에서 가져왔다고 함을 기록하지 아니했을까? 무덤의 불결성이다. 무덤에서 시체와 같이 있었고 시체가 책을 불결하게 하므로 유골을 가진 것으로 기록한 것이 아닐까 추정해 본 것이다.

최근 고고학자들이 요셉의 무덤을 발굴하였다. 그 무덤은 텅 비어 있었고, 요셉의 동상이 무덤 안에 찌그러지고 뭉개져 있음이 발견되었다. 출애굽 후 애굽 사람들이 요셉의 무덤에 가서 요셉의 주상을 부수어 복수했음을 알 수 있다.

요셉의 후손들이 그의 유골을 메고 가므로 그의 유골은 화를 면하고 무사히 세겜에 안장된다.

사실 창세기는 하나님께서 행하신 일들을 족장들이 기록해온 책이며, 요셉이 완성하여 보존하였고, 책으로 만든 사람이 모세라고 할 수 있다.

그러나 필자의 생각이 짧을 수도 있다. 만일 그렇다고 생각한다면 기록된 문서로서 이해할만한 창세기에 대한 이해를 높였으면 좋겠다.

사실 창세기의 기록의 명확한 고고학적 증거가 드러나 있다면 이런 가정의 글은 의미가 없을 것이다.

창세기를 읽어보면 당대에 분명히 기록을 했는데 그것을

입증하지 못하기 때문에 지금 그 문제를 이렇게 추정해 본 것이다.

하나님께서 창조하신 이 땅을 잘 보존하고 가꾸며, 모든 민족들이 한 마음이 되어 하나님께 예배하는 세상이 되기를 소망하며, 핵폭탄으로 인류가 멸망하거나, 동성애 등으로 세상이 오염되지 않기를 기원하면서, 모든 사람들이 성경에 담겨진 풍성한 진실들을 묵상하고 하나님의 뜻을 잘 이해하고 순종하며 살았으면 좋겠다.

창세기에서 장자의 명분(長子名分) 이해하기

창세기는 하나님께서 우주를 만드시고, 인류의 창조와 타락과 구원의 시작과 조상들의 연대기와 역사를 기록한 책이다.

하나님이 땅의 흙으로 사람을 지으시고, 생기를 불어 넣어 최초의 인간 아담을 창조 하셨으며, 아담을 깊이 잠들게 하신 후 갈빗대를 취하여 그의 아내 하와를 창조하여 아담 앞에 세우시고, 짝지어 주셨다.

아담과 하와가 범죄한 후 에덴동산은 사람들이 출입할 수 없도록 화염검(火焰劍)으로 봉쇄되었고, 땀 흘려 일을 해야 그 소득으로 먹고 살 수 있게 되었다. 그러나 추위와 더위와 몸의 노출로 상처를 입을 수 있는 몸을 보호하도록 가죽으로 옷을 만들어 입혀주신 하나님의 은혜를 입으며 인간의 여정은 시작되었다.

아담과 하와가 동침하여 아들을 낳았는데, 그 아이가 가인이며, 인간 세계의 첫 출생으로 가장 기쁜 사건이었다. 그 후 또 잉태하여 아벨을 낳았다.

세월이 지난 후, 인간이 하는 중요한 일은 하나님께 제사하는 일이었다. 가인은 농사하는 자였고, 아벨은 양치는 자였다. 따라서 가인은 땅의 소산으로 제물을 삼아 여호와께 드렸고 아벨은 양의 첫 새끼와 기름으로 드렸다. 그랬더니 여호와께서 아벨과 그의 제물은 받으셨지만, 가인과 그의 제물은 받지 않으셨다(창4:1~5).

제사는 가인에게 큰 충격을 주었다. 가인은 이 제사로 인하여 동생을 죽이는 인류 최초의 살인 사건을 저지른다. 인간에게서 계대(繼代)를 이을 자손들이 태어나자마자 형이 동생을 질투하여 쳐 죽인 것이다. 하나님이 인간을 창조하시되 얼마나 자유스럽게 생각하고 행동할 수 있도록 하셨는가를 알 수 있는 대목이다. 만약 창조하실 때 우리의 사고(思考)에 제약(制約)을 두어 악한 일을 할 수 없게 하거나, 어떤 일에 로봇처럼 행동하게 창조하셨다면 과연 인간이라고 말할 수 있을까 그것은 한낱 기계와 동물에 불과하다. 인간이기에 이처럼 돌이킬 수 없는 사건이 터진 것이다. 인간은 스스로 자기 생각을 제어(制御)하고 성품을 계발하며, 사회규범을 지키고, 하나님의 뜻을 알아갈 수 있도록 자유스러운 인간으로 창조된 것이다.

가인은 부모를 떠나 에덴 동쪽 놋 땅에 새로운 둥지를 틀고 장남 에녹을 낳았으며, 가인의 후손들은 가인 문화를 이루어간다. 그러나 성경에는 이 가인이 장자(長子)로 기록되지 못하고, 그의 동생 셋이 장자로 세움을 받는다.

창세기 5장에는 '이것은 아담의 계보를 기록한 책이니라.' 고 시작하여, 인간 창조의 역사를 기록하고 있다. 그리고 가인의 출생은 기록에서 빼고, '아담은 130세에 자기의 모양, 곧 자기의 형상과 같은 아들을 낳아 이름을 셋이라 하였으니, 가인이 죽인 아벨 대신에 다른 씨를 주셨다 함이며, 셋도 아들을 낳고 에노스라 하였으며, 그때에 사람들이 비로소 여호와의 이름을 불렀더라.' 고 하였다.

장자의 명분(長子名分)은 여호와의 이름을 부르는 제사하는 자가 이어가고 있는 것이다. 아무리 장남(長男)인 아들로 태어나도 가인처럼 하나님의 뜻을 따르지 않고, 여호와의 이름을 부르지 아니하면 장자(長子)로서 등재(登載)되지 못하고, 그의 동생인 셋이 장자로서 가인을 대신하여 장자의 소임을 하게 된다. 그리고 셋의 후손들은 아버지가 몇 살에 아들을 낳았고, 얼마나 살다가 저곳으로 갔는가를 창세기에 기록하고 있다.

창세기에 기록되기를 아담은 930세를 살았다. 태초에 인류의 조상들은 나이를 기록하는 습관이 있었다. 창세기 2장 17절에 '선악을 알게 하는 나무의 열매는 먹지 말라. 네가 먹는 날에는 반드시 죽으리라' 하나님은 명령하셨다. 그러나 그들은 그 열매를 먹게 되어 하나님의 금령(禁令)을 배반하는 죄를 짓는다. 그래서 하나님께서는 '너희는 영생하지 못하고 반드시 죽으리라' 고 하셨다(창3:19~21).

그들은 생명이 붙어 있는 것이 복이요, 하나님의 자비하심 때문이라는 생각에서 한 해가 지나도 죽지 않고 살아 있으면 나이를 기록하니, 그것이 숫자를 기록한 인류 최초의 문자였으리라 추측된다.

아담은 130세 후에 셋을 낳았고, 930년을 살았다. 만약 기록이 없었다면 자기 나이를 기억하기 위해 '나는 몇 살이다' 매일 반복하며 복창하고 살았다고 해도 잊었을 것이다.

세월이 지나고 인류가 타락한 하나님을 떠난 그때 심판을 받았으며, 노아의 600세 홍수 후를 보자.

홍수 심판은 처참했고, 황폐한 땅에서 농사를 시작하여 포도를 심고 경작하고, 포도주에 취할 수 있을 정도로 평화로웠다. 그러나 노아가 포도주에 취하여 벗은 일로 인해 후손들의 운명이 결정되는 일이 발생한다. 창세기의 예언 '함의 후손인 가나안은 저주를 받아 그의 형제의 종들의 종이 되기를 원하노라(창9:25)'고 하는 사건이 터지고 만 것이다. 창세기 9장 26~27절을 보면 '셈의 하나님 여호와를 찬송하리로다. 가나안은 셈의 종이 되고, 하나님이 야벳을 창대케 하사 셈의 장막에 거하게 하시고, 가나안은 그의 종이 되게 하시기를 원하노라.'고 하였다.

노아의 예언은 셈의 장자에게는 엄청난 위치에 앉혀주는 사건이 되고, 다른 민족을 종으로 삼을 수 있는 복을 받게 되니, 모두 셈의 장자로 인정받기를 갈망했을 것이다.

실제로 셈은 엘람과 앗수르와 아르박삿과 룻과 아람을 낳았다(창10:22). 육신적 장남으로 태어난 사람은 엘람이다. 그러나 셈의 족보는 이렇다.

'셈의 족보는 이러 하니라. 셈은 홍수 후 2년에 아르박삿을 낳았고(창11:12)'라고 기록했다. 아르박삿은 셈의 셋째 아들로 태어나지만 장자로 기록되고 있다. 더구나 아르박삿은 홍수 후 2년에 태어 날 수가 없다. 셋째이기 때문에 여러 해 뒤에 태어났지만, 엘람이 태어난 시점으로 아르박삿의 출생을 올려 기록함으로써 장자의 명분을 확고하게 인정해 버린다.

그러므로 창세기의 중요한 역사적 사건을 자세히 보면 계대(繼代)를 중시하고, 연대(年代)는 단축해서라도 장남과 동연배의 출생자로 장자를 인정하여 형의 가족도 높은 자의 위치에서 축복할 수 있게 한다. 따라서 인류 연대의 역사가 부분적으로 생략되고 단축된 부분이 있다고 할 수 있는 것이다.

그러므로 성경의 장자의 연한은 실제의 연한보다 훨씬 짧게 기록되었다고 할 수 있다. 불명확하여 기록되지 않은 계대(繼代)도 생략되었을 수도 있기 때문이다.

이제 한참 후대로 내려가서 데라의 시대로 가보자.

'데라는 70세에 아브람과 나홀과 하란을 낳았다' 고 기록되었다(창11:26~28). 또한 '데라의 족보는 이러하니라. 데라는 아브람과 나홀과 하란을 낳고, 하란은 롯을 낳았으며, 하란은 그 아비 데라보다 먼저 고향 갈대아인의 우르에서 죽었더라.'

데라는 205세에 하란에서 죽은 것이다(창11:32).

그리고 '아브람이 여호와의 말씀을 따라 갔고, 롯도 그와 함께 갔으며, 아브람이 하란을 떠날 때에 75세(창12:4)' 였다는 기록을 본다. 데라가 70세에 아브람을 낳았으며, 205세에 죽었으니 아브람이 하란을 떠날 때는 135세가 되어야 한다. 그러나 75세였으니 실제로는 아브람은 데라가 130세에 낳은 아들이다. 그렇지만 장자로 기록하기 위하여 장남 하란의 나이에 아브람을 끌어 올려 장자로 인정되게 하려는 의도가 분명히 엿보인다.

아브람은 하나님이 지시하신 말씀을 믿고 순종함으로, 차자(次子)로 태어났지만 아브람이 아브라함으로 개명되어지고, 데라의 장자로 인정을 받는다. 반면에 하란은 위치가 셋째로 등제되어 명분에서 밀려나게 된 것이다.

'여호와께서 아브람에게 이르시되 너는 너의 고향과 친척과 아버지의 집을 떠나 내가 네게 보여 줄 땅으로 가라. 내가 너로 큰 민족을 이루고 네게 복을 주어 네 이름을 창대하게 하리니 너는 복이 될지라. 너를 축복하는 자에게는 내가 복을 내리고 너를 저주하는 자에게는 내가 저주하리니 땅의 모든 족속이 너로 말미암아 복을 얻을 것이라 하신지라. 이에 아브람이 여호와의 말씀을 따라갔고 롯도 그와 함께 갔으며 아브람이 하란을 떠날 때에 칠십오 세였더라(창12:1~4).

그들, 곧 아브라함 일행이 들어간 땅은 노아가 셈의 후손에게 종으로 준 가나안 족속이 사는 땅이었다. 노아의 예언이 아브라함의 후손을 통하여 이루어지기 시작한 시점에 와 있는 것이다.

그 후의 아브라함 후손들을 보자. 가나안 땅에서 아브라함에게 하갈은 장남 이스마엘을 낳아준다. 그러나 하나님은 이스마엘을 장자로 세우지 않고 사라의 태에서 태어난 이삭을 장자로 세우셨다(창25:19). 이삭은 인간 몸의 기능으로는 태어날 수 없는 경수(經水)가 말라버린 상태에서, 하나님 언약의 말씀으로 잉태되고 출생하면서 장자가 된다. 그리고 이삭은 하나님의 말씀에 순종하는 삶을 살아간다. 이삭의 아내 리브가는 쌍둥이 아들 에서와 야곱을 낳는다.

그러면 야곱이 장자의 명분을 얻게 되는 경위는 어떠한가 창세기 25장 19절 이후는 이삭의 족보이면서 자연스럽게 야곱이 장자로서의 명분을 얻는 복잡한 과정이 설명되어 있다. 야곱은 얼마나 장자의 명분을 사모했던가 팥죽 한 그릇으로 장자의 명분을 사고, 또 어머니의 부추김을 받으며 죽으면 죽으리라는 각오로 아버지가 장남 에서에게 해 주려는 축복을 가로챈다.

결국 야곱은 장자로 세움을 받고 밧단아람으로 떠나며, 벧엘에서 꿈에 하나님의 사닥다리와 하나님의 언약의 말씀을 대하고서 하나님의 임재를 깨닫고 믿음의 첫 제사를 드린다(창28:12~18).

그는 밧단아람에서 4명의 아내와 11명의 아들, 그리고 딸한 명을 낳아 하나님의 인도로 귀향하게 되며, 하나님의 보호하심 속에서 에서와 화해하고, 베들레헴 길에서 12번째 아들인 베냐민을 얻는다. 그리고 아버지의 품인 헤브론에 도착하여 둥지를 틀고, 그는 이삭의 장자로서 인정을 받았고 아버지를 섬겼다고 할 수 있다.

그뒤 야곱의 열두 아들 중에서는 누가 야곱의 장자로서 세움을 받는가 르우벤은 야곱의 장남으로 태어났지만, 장자로서 기록되지 못하고, 야곱의 11번째 아들인 요셉이 장자의 명분을 얻는다. 창세기 37장에는 이렇게 씌어 있다.

'야곱의 족보는 이러하니라. 요셉이 십칠 세의 소년으로서 그의 형들과 함께 양을 칠 때에 그의 아버지의 아내들 빌하와 실바의 아들들과 더불어 함께 있었더니 그가 그들의 잘

못을 아버지에게 말하더라. 요셉은 노년에 얻은 아들이므로 이스라엘이 여러 아들들보다 그를 더 사랑하므로 그를 위하여 채색 옷을 지었더니, 그의 형들이 아버지가 형들보다 그를 더 사랑함을 보고 그를 미워하여 그에게 편안하게 말할 수 없었더라. 요셉이 꿈을 꾸고 자기 형들에게 말하매 그들이 그를 더욱 미워하였더라(창37:2~5).

여기에서 야곱의 족보가 소개되면서 먼저 난 10명의 아들들은 제쳐두고 11번째 아들 요셉부터 기록되고, 그 이후는 요셉의 이야기로 창세기 마지막까지 계속된다.

창세기 37장 이후는 요셉의 역사이다. 그가 어떤 성품을 가졌으며, 형들에게 당한 수모와 학대, 그리고 애굽에서의 종살이, 그의 믿음, 보디발 아내의 유혹, 억울한 감옥살이, 하나님이 주신 지혜로 꿈을 해석하여 애굽 총리가 된 경위, 부모와 친족을 애굽으로 모셔 고센 땅을 차지하고 살도록 하여 후손들을 번성하게 한 일 등이 기록되었다. 흉년을 극복하고 애굽 전역과 이웃나라 사람들을 살린 위대한 영도자로, 애굽의 총리를 감당했던 요셉이야 말로 아브라함 후손으로서 장자의 명분을 받기에 조금도 손색없음이 기록되어 있는 것이다.

400년 후, 출애굽한 이스라엘이 가나안 땅을 점령하고 분

배한 영토를 보면 요셉의 후손 에브라임과 므낫세가 차지한 땅이 전체의 2/5 정도가 된다. 장자의 명분이 주는 위력(威力)을 세삼 실감할 수 있는 대목이다.

그러면 성경에 기록된 장자(長子)들의 특성은 무엇인가 장자는 그 족속의 제사장 역할을 한 것이다. 그리고 족속의 제반 중대한 결정사항을 책임을 지고 이끄는 일을 했을 것이며 대외적으로는 족속의 대표자 역할을 했을 것이다.

아담의 아들 셋은 여호와의 이름을 부르고 그분께 제사하는 삶을 살면서 후손들에게 신앙의 전통을 넘겨준 점이 장자로서의 돋보이는 자격이다.

셈의 셋째 아들 아르박삿이 장자로 등재된 경위에 대해서는 기록에 없으므로 장자로서의 특성을 이야기할 수 없다. 다만 그의 혈통에서 장자인 데라가 태어나고, 데라의 둘째 아들 아브람이 장자가 되고 그 아브람이 데라와 함께 고향을 떠나 하란으로 이주하며 가나안으로 들어가려고 준비하는 중에 데라는 제 세상으로 가고 아브람이 유지를 받들어 가나안으로 들어간다.

아브람은 '여호와를 믿으니 이를 의로 여기셨다'는 기록으로 봐서 그가 장자가 된 것은 믿음 때문이었다고 볼 수 있다. 하나님을 신뢰하는 그의 모습은 주님이 기적을 행할 때마다 하나님께 감사 기도하셨던 것이 연상된다.

장자 이삭의 특징은 순종이다. 이삭은 하나님의 은혜로 태어났고, 성경에서 순종의 표본이 되고 있다. 아버지가 모리아 산 정상에서 그를 묶고 죽이려 해도 아버지를 믿고 끝까지 반항하지 아니하고 순종한 이삭이었다. 우리는 이삭의 모습을 통하여 하나님의 계획에 순종하시는 예수님을 본다. 십자가의 고난의 길을 가시는, 하나님의 구원의 계획에 순종하시는 예수님을 보는 것 같다.

장자 야곱에게서는 축복의 사모함을 본다. 끝까지 최선을 다하는 야곱, 얍복 나루터에서 끝까지 놓지 않고 씨름하는 야곱을 통하여 사십 일간 금식을 하시면서도 끝까지 사단과 대결하시는 주님을 생각하게 된다.

장자 요셉은 탁월한 지혜와 지도력, 형제사랑과 미래를 내다보는 혜안을 가졌다. 우리는 요셉을 통하여 지혜와 자비, 사랑과 질서, 지도력, 그리고 미래의 꿈을 배운다. 민족이 나아가야 할 길을 제시하고 준비시키는 그의 탁월한 지도

력에서 영원한 천국을 소망하는 우리가 되도록 이끄시는 주님의 모습을 연상할 수 있다. 그러나 예수님은 요셉의 혈통에서 태어나지 않으시고 야곱의 넷째 아들인 유다의 혈통에서 태어나셨다.

유다의 특징은 무엇인가 유다는 죄를 범한 한 후 철저히 회개하고, 가족을 위하여 가장 희생적으로 살다간 인물이다. 회개하고 희생적으로 살았던 유다, 그의 믿음의 전통을 본받아 후손 중에서 다윗이 태어나고, 그 다윗의 혈통에서 예수 그리스도가 탄생하는 진정한 장자의 명분을 축적했던 축복의 사람이었다.

따라서 진정한 의미에서 장자의 명분은 오직 하나님께 경배하며 하나님을 바라보면서, 섬기는 자의 위치에서 희생적으로 살며, 주의 나라를 기다리는 삶이라 할 수 있다.

이런 점을 보면 믿음의 본이 된 자, 하나님이 하시는 일을 잘 수종들며, 그분의 계획에 따라 움직이며, 하나님 앞에서 창조의 섭리를 따라 기쁨과 감사와 예배로 사는 행복한 길을 가는 믿음의 사람들이, 다 장자의 반열에 있는 사람들이라고 할 수 있겠다.

우리 모두가 장자의 반열에 서서 하나님께 영광을 돌리며 살았으면 좋겠다.

여호와께서 요셉과 함께 하시므로 그가 형통한 자가 되어 그의 주인 애굽 사람의
집에 있으니 그의 주인이 여호와께서 그와 함께 하심을 보며 또 여호와께서 그의
범사에 형통하게 하심을 보았더라(창39:2-3)

6

저작 후기
(著作後記)

• 성경 묵상을 배워가면서

• 에필로그

성경 묵상을 배워가면서

이 율법책을 네 입에서 떠나지 말게 하며 주야로 그것을 묵상하며 그 안에 기록된 대로 다 지켜 행하라 그리하면 네 길이 평탄하게 될 것이며 네가 형통하리라. [수1:8]

크리스천이라고 하면 곧 성경 묵상(Lectio Divina)을 하면서 사는 사람들이라고 낙인이 찍혀야 정상적이지 않을까 싶다.

성경 묵상을 어떻게 하는 것인가? 기독교에는 오랜 전통으로 성경을 읽고 깊이 묵상하는 방법인 'Lectio Divina (spiritual reading, prayerful reading, 聖讀)' 라고 하는 성경 묵상 방법이 있다.

이것은 5세기에 베네딕트 수도사가 발전시킨 방법이다. 베네딕트 수도사는 성직자로 살기 위하여 안토니 수도원에 들어가서 원장으로부터 하루 종일 기도하도록 지도받고 기도하였다. 그는 약 30분 정도 기도하고 나니 기도할 것이 별로 생각나지 않았다. 그래서 그때부터 성경을 깊이 묵상하기 시작했고, 성경을 근거로 기도하기 시작하였다. 그 후 그에게는 많은 제자들이 따르고 베네딕트 수도원이 생겼다. 그는 성경묵상을 발전시키는데 큰 공헌을 했다.

성경을 깊이 묵상(Lectio Divina)한다는 것은, 성경을 깊이 생각하고, 제비가 지저귀듯 중얼거리며, 암송하듯 반복하여 생각하고, 성경을 인격적으로 읽는 가운데, 성경 본문을 통해 하나님께서 말씀하시는 음성을 듣는 훈련을 말한다. 다시 말해 하나님의 말씀을 입으로 반복하여 읽고, 마음속으로 암송하며 되새김하여 묵상하고 나서 하나님의 임재를 느끼며 감사함으로 기도하는 것이다. 그리고 그 말씀이 삶 속에서 이루어지기를 다짐하며 종일토록 명상하는 가운데 삶이 전체적으로 변화를 받는 훈련이 성경 묵상 훈련이다.

이것을 비유적으로 생각해 보면, 소가 여물을 되새김질하듯이 깊이 생각하는 것을 의미한다. 성경의 구속사적 전체 흐름이나 역사적 배경 또는 문맥(文脈)을 염두에 두고서 본문 말씀을 하루 종일 조금씩 묵상하는 것이다.

성경 묵상의 기본은 우선 마음의 준비가 필요하다. 그리고 마음의 준비를 위해서는 무엇보다도 성령님께 의지해야 한다.

마음준비가 되면 다독이 아닌 정독(精讀)으로 성경을 읽는다. 성경 읽기와 관련해서 우선 중요한 것은 조용한 장소를 정해 두고, 규칙적으로 시간을 정하여 읽는 것이다.

성경을 읽으면서 묵상하고, 그 후에 그 말씀으로 기도하며, 기도하는 가운데 명상한다. 이처럼 성경 묵상은 마음준비, 말씀읽기, 묵상, 기도, 명상 등으로 연속적으로 이루어진다.

성경 묵상의 목적은 하나님의 말씀을 통해 살아계신 하나님과의 친밀한 관계를 깊게 하고, 하나님을 찬양하고 하나님의 임재(臨在)를 즐거워하며, 성령안에서 기뻐하고, 예수 그리스도와 삶을 함께 하는데 있다. 그리고 하나님께서 말씀을 통해 우리에게 직접 인격적이고 실제적으로 들려주는 음성을 듣고, 마음으로 감동하며 순종하는 삶을 살기 위해서다.

따라서 하나님과의 접촉을 위해 황홀경(恍惚境)에 이르려고 노력하는 신비주의 방법이나, 우리 안에 있는 신적(神的)

잠재력을 계발(啓發)하려고 수련하거나, 동굴에 들어가 자신을 철저히 비우고 죽이는 훈련 등을 통해 하나님을 체험하려는 방법과 요가 같은 것 등을 사용해서는 안 된다. 성경 묵상과 상관없는 비정상적인 것이기 때문이다. 성경 묵상은 우리가 예수님처럼 신적 능력이나 속성의 소유자가 되기 위해 각종 훈련을 통하여 자기를 계발하는 것을 의미하지 않으며, 우리의 몸과 삶의 현실 속에서 예수 그리스도가 나타나고 존귀하게 되도록 믿음으로 순종하고 성령의 지배를 받아 사는 것을 의미한다. 오직 성경에 의지하여 하나님의 객관적 계시(啓示)인 성경말씀을 읽고, 성령의 인도함을 받아 묵상하고 기도하며, 그 말씀대로 이루어지기를 소원하는 마음으로 하루의 일과에서 하나님과의 실제적 사귐을 갖는 것이다.

성경 묵상은 성경 신학적 입장에서 성경을 해석한다. 성경을 구속사적(救贖史的)으로 생각하고, 오역(誤譯)해서는 안 되며, 본문을 임의대로 변경하여 해석하고 이해해서는 안 된다. 성경을 기록하던 때의 상황이나 환경, 역사 등을 생각하고, 지리적 여건을 고려하면서 성경의 시대로 들어가서 성경 기자의 성령에 감동된 마음을 따라가는 것이다. 그리고 그분이 전달하고자 한 뜻을 받아들여 생활에 적용하며 살아가는 것이 성경 묵상의 삶이다.

창세기 47~50장에서는 야곱이 죽으면서 아들 요셉에게 헤브론에 장사하여 주기를 맹세시키고 운명한다. 요셉이 아버지 야곱을 헤브론에 장사하는 창50:10절을 보면 '그들이 요단강 건너편 아닷 타작 마당에 이르러 거기서 크게 울고 애통하며 요셉이 아버지를 위하여 7일 동안 애곡하더니, 그 땅 거민 가나안 백성이 아닷 마당의 애통을 보고 이르되 이는 애굽 사람의 큰 애통이라 하였으므로 그 땅 이름을 아벨미스라임이라 하였으니 곧 요단강 건너편이더라.' 는 기록을 볼 수 있다.

헤브론과 요단강은 수십 킬로미터 떨어져 있다. 헤브론에서의 무덤에 묻기 전에 애통하는 것은 그때의 애굽 풍습이었는가? 하고 생각할 수도 있다. 그러나 헤브론의 막벨라 굴 앞에서의 애통이 아니고, 요단 강변에서 애통하고 있는 것이다. 이상하지 않은가? 깊이 생각하지 않으면 이해할 수 없다.

그러나 이 기록은 사실에 입각하여 기록되었다. 내용을 깊이 묵상하면 애굽에서 직행코스인 가나안 땅으로 들어가 브엘세바나 가데스바네아를 거쳐 헤브론으로 갈 수 없는 형편이어서, 애굽에서 동쪽으로 전진하여 멀리 에돔, 모압, 암몬 땅, 아모리인들이 사는 땅을 거쳐(후에 이스라엘이 출애굽 후 가나안 땅으로 들어가는 길과 비슷한 길) 요단강 동편에 이른다. 그들은 요단강을 바로 건너지 못하고 7일간 가나안 사람들과 협상하여 그 곳 이름을 '아벨 미스라임' 이라 지명을 정하고, 오늘날로 말하면 아벨 미스라임에서 7일 만에 회담이 성사되었거나, 안전에 대한 준비가 되어 드디어 요단강을 건넌다. 그리고 야곱의 후손들은 아비의 시신(屍身)을 수 십 킬로미터 남쪽으로 매고 가서 헤브론에 도착하여 장사하고 되돌아온 것이라고 생각된다.

우리는 묵상을 통하여 숨겨져 있던 요셉의 능력과 지혜와 수고와 효도와 당시 사회상, 역사 등을 엿볼 수 있다. 성경 묵상은 이처럼 본문을 역사적인 일로 사실화(史實化)하여 이해하는 것이다.

성경 본문 말씀을 주의 깊게 해석하고 본문의 세계 속으로 들어가 본 다음에는, 그 말씀을 가지고 하나님께 우리의 반응을 보여야 하는데, 곧 기도이다. 하나님의 말씀으로 계시하는 것에 기도로 반응을 보여 적극적으로 참여하고, 자신에게 적용시켜야 하는 것이다. 따라서 본문에서 교훈을 찾고 적용하며, 말씀을 따라 우리도 살아가는 것이다. 하나님께서는 우리를 말씀 가운데 초청하고 명하여 우리 자신의 말로 하나님의 말씀에 구체적으로 응답하기를 원하시는데, 곧 기도인 것이다.

이렇듯 기도는 하나님께서 성경을 통해 우리에게 계시하고 있는 말씀에 우리가 구체적으로 참여하는 것으로서, 하나님의 명령, 책망, 판단, 인도, 위로 등에 응답하는 것이다.

우리는 기도할 때 하나님을 향하여 감사, 찬양하고 우리 자신에 대하여는 회개하며, 이웃을 위해서는 중보할 수 있어야 한다.

성경 묵상은 모든 성도들의 신앙생활의 기초가 되고, 매일 성경 묵상으로 하나님의 뜻을 깨닫고, 성경이 인도해 주시는 대로 배워가면서 살아갈 때 우리는 주의 제자로서 삶을 사는 것이다.

(참고: 나용화 목사 저서: '영성과 경건' 제 7장)

(2003.08.19)

에필로그

나는 알파와 오메가요 처음과 마지막이요 시작과 마침이라.

[계22:13]

창세기는 우리에게 창세기가 아담 후손의 족보라는 것과, 창세기는 장자(長子)는 족보를 보존하고, 제사를 드리며, 앞날을 예견할 수 있는 믿음 있는 사람을 장자로 세웠다는 것을 알려줍니다. 그리고 모든 성경은 영원한 장자이신 예수 그리스도를 모본(模本)으로 삼아 우리의 삶이 진전되도록 인도합니다.

'나는 알파와 오메가요 처음과 마지막이요 시작과 마침이라(계22:13)'고 하신 하나님의 말씀대로 결실 할 것입니다.

지금 우리는 세상 끝자락에 살고 있습니다. 때가 되면 천사장의 나팔소리와 함께 주님이 재림하시겠지요.

이 맑은 날에 무슨 하나님의 심판을 말한다는 것인가 하는 사람이 많을 것입니다. 그러나 그것은 롯의 처를 닮는 것입니다. 하나님이 세상을 심판하신다면 심판이 이 땅에서 행해지는 것입니다. 그것은 구약 때부터 일관되게 성경이 예언하고 있습니다. 그러므로 그날이 오기 전에 마음껏 신앙의 길을 가야 할 것입니다.

우리는 '지금'이라는 시간에 서 있습니다. 지금부터 우리가 어떻게 사느냐가 매우 중요합니다. 구원의 대주재(大主宰)가 되시는 주님을 바라보며, 그분이 원하는 길로 유턴할 때 구원 속으로 들어가는 것입니다.

주님의 나라는 빛과 사랑의 나라입니다. 우리는 그리스도의 희생의 사랑을 통해 하나님의 사랑의 나라에 이를 것입니다. 우리 모두 거기서 만나기를 간절히 소원합니다.

필자는 고등학교 시절부터 성경을 접하였습니다. 이제 지난 여생을 뒤돌아보며 성경이 나를 어떻게 인도했는가를 되새기면서 그동안 써온 글들을 정리 했습니다.

이 정리된 원고를 끝까지 읽어 주시고 조언해주신 나용화

개신대학원 대학교 전 총장님께 심심한 감사를 드리며, 이 책 원고를 정리해 주신 광주동명교회 김정 장로님께도 감사를 드립니다. 이책을 발행해 주신 에페코북스 박정자 사장님께 감사를 드립니다.

또한 나와 결혼한 후 사역에 동행해 준 나의 아내 조희숙 권사에게 감사를 드리고, 자녀들의 격려에도 또한 감사를 표한다.

그동안 「미션 21」에 투고할 기회를 주신 박현주 사장님께도 감사를 드립니다. 오늘이 있기까지 신앙의 동지로서 함께한 CCC나사렛 형제들, 성서유니온 위원들, 광주동명교회 성도들, 기드온 회원들, 국가 조찬기도회, 시니어선교회, 선한 의료인들, 그리고 성시화운동 등 모든 분들께 감사드립니다. 또한 이 책을 읽어주신 분들께도 마음 깊이 감사를 드립니다.

이 책이 창세기를 이해하는데 조금이나마 도움이 되기를 원하였으며, 믿음의 삶 위에 주님의 은혜가 항상 넘치시기를 기도하면서 이만 우필(愚筆)을 숨깁니다. 감사합니다.

지은이 방충헌

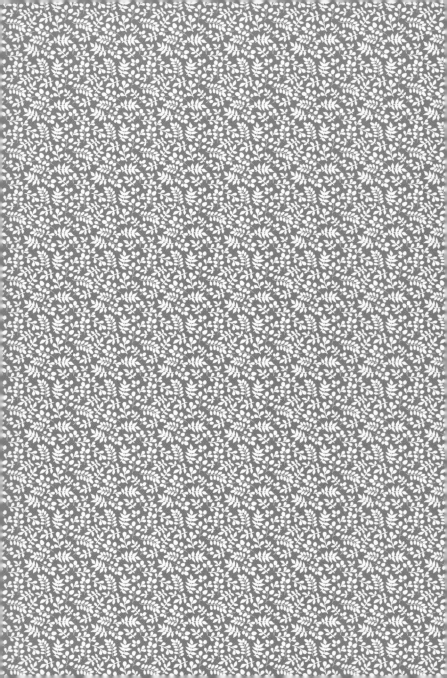